Inke Ried-Neumann

Der Tote im Paradies

LEINPFAD
VERLAG

Die in der Geschichte eingearbeiteten historischen Daten, das Schicksal jüdischer Familien während des Hitler-Regimes, die Bombennächte in Mainz, die Geschichte der frühen Juden des 10. und 11. Jahrhunderts in dieser Stadt, die Geschichte der St. Johanniskirche seit ihrer Erbauung um 900 bis heute, die Auffindung eines mittelalterlichen Schatzes in der Schusterstraße oder der Verlust des Buches von Ger-schom ben Jehuda entsprechen den historischen Fakten.
Die beschriebenen Personen und die Handlung der Erzählung sind reine Fiktion. Ähnlichkeiten mit lebenden Persönlichkeiten dieser Stadt sind rein zufällig.

Umschlag: kosa-design, Ingelheim
Layout: Leinpfad Verlag, Ingelheim
Druck: wolf print, Ingelheim
Lektorat: Angelika Schulz-Parthu, Frauke Itzerott, Leinpfad Verlag

Leinpfad Verlag, Leinpfad 5, 55218 Ingelheim,
Tel. 06132/8369, Fax: 896951
E-Mail: info@leinpfadverlag.de
www.leinpfadverlag.com

ISBN 978-3-942291-35-4

Inhalt

I.

Heide Freber verliert den Boden unter den Füßen und entdeckt die Unterwelt unter St. Johannis

Ein milder Wind hatte in der vergangenen Nacht den Schnee in Matsch verwandelt und war weitergezogen. Inzwischen hatte die Windrichtung gedreht und es wehte ein nasskalter Westwind, der feine Regenschauer vor sich hertrieb.

Um 14 Uhr nachmittags hatten sich Heinz und Heide vor der Kirche verabredet. Heide, in dicken Lodenmantel und Wollmütze gebündelt, war gar nicht zu erkennen. Erst als sie ihn ansprach, wurde Heinz klar, dass Heide in dem runden Wollpaket steckte. „Hallo, hast du ein bisschen zugenommen oder täusche ich mich?“, begrüßte er sie.

„Charmant, charmant, lieber Heinz. Hör bloß auf. Es ist nur zu wahr. Ich kann essen, was ich will, ich nehme nicht ab!“

Heinz, der merkte, dass er einen wunden Punkt getroffen hatte, wechselte schnell das Thema. „Übrigens, Heide, ich bin eben durch die Johannisstraße gegangen und habe mir die Außenfassade der Kirche angesehen. Sehr eindrucksvoll! Der helle Putz ist schon etwas ganz anderes, als das schäbige und fleckige Grau, das ich in Erinnerung hatte. Allerdings erinnert das helle Gelb des Anstrichs eher an einen Barockbau als an ein romanisches oder, wenn du willst, gotisches Bauwerk.“

„Oho, da hat sich einer kundig gemacht! Oder hast du gar in meinem Kirchenführer gelesen?“, erwiderte Heide, während sie den Kirchenschlüssel aus der Manteltasche nestelte.

Der Kirchenvorplatz war mit Baumaterial, Schuttcontainern und Bauwagen zugestellt und auch auf dem nördlichen Bereich der Kirche an der Schöfferstraße stapelten sich Schutt und Baumaterialien.

„Heute sind keine Bauarbeiter da", bemerkte Heide. „Warum, weiß ich nicht", setzte sie hinzu, als sie sich einen Weg durch Stöße von Dämmmaterialien, Schmutzhaufen und Schutt zum hinteren Eingang bahnten.

„Wieso hast du eigentlich einen Schlüssel für die Kirche? Du gehörst doch gar nicht zu dieser Gemeinde, oder?", fragte Heinz. „Das stimmt. Aber ich bin eine von den alten Schachteln ... den älteren Herrschaften, wollte ich sagen, die die ‚Offene Kirche' betreuen. Du weißt schon. Samstags von 11 bis 15 Uhr ist die Kirche für Touristen, Beter und Spaziergänger geöffnet. Ich glaube, wir haben alle einen Schlüssel für die Kirche."

Inzwischen hatten sie die Kirche betreten. Es herrschte graues Dämmerlicht und absolute Stille. Als sie das Foyer durchschritten hatten und Heide die Glastüren zum Kirchenschiff aufstieß, war Heinz von der beeindruckenden Höhe und Größe des Gotteshauses überrascht und hingerissen. „Heide, das ist hier ja viel größer, als ich von außen vermutet habe!", sagte er andächtig.

Heide konnte das nur stumm bestätigen. Durch die hochgelegenen Fenster des Obergardens mit den bleiverglasten, grau und rötlich getönten Scheiben fiel nur spärliches Licht ins Innere. Die Bankreihen waren mit staubiger Plastikfolie verhüllt und auch die Altarstufen und der Altar selbst ließen sich nur durch Plastikbezüge erahnen.

Während Heinz staunend am Ostende der Kirche stehengeblieben war, hatte Heide bereits das Kirchenschiff durchmessen und strebte schnellen Schrittes am verhüllten Taufbecken rechts vom Altar vorbei und betrat neugierig die mit Schutt bedeckte und teilweise freigelegte Fußbodenkonstruktion des Nordflügels, aus dem die Bodenheizung entfernt worden war. Einzelne Metallträger waren zur Seite geräumt und türmten sich an der Wand zum Chorsaal. Andere lagen kreuz und quer über dem aufgerissenen Boden. Kies, Brocken von braunem Kunstpflaster, Holzspäne und Metallteile, Scherben des Tongefäßbetons und Abfall bedeckten den zerfetzten Grund.

Plötzlich: ein Krachen und Splittern, ein Aufschrei, ein dumpfer Fall, polternde Gesteinstrümmer, rieselnder Kies und dann Stille.

Heinz erstarrte. „Heide, Heide, was ist!?", brüllte er und setzte sich in Bewegung.

Nichts. Absolute Stille.

„Heide, wo bist du? Sag doch was! Bist du verletzt?", rief er ein ums andere Mal.

Stille.

Inzwischen war er an der Baustelle angekommen und sah die Bescherung. Mitten in den Bauhölzern, in dem Schutt und den wild verstreuten Trägern gähnte ihm eine schwarze Einbruchstelle entgegen – von Heide keine Spur.

„Heide, sag doch was! Wo bist du?"

Schließlich, nach endlos erscheinenden, angstvollen Minuten für Heinz, ein Stöhnen aus dem Loch und dann Heides Stimme: „Nichts passiert, ich bin eingebrochen und hier runtergesaust!", sagte sie überflüssigerweise. „Es ist noch alles dran. Nix kaputt, nur ein bisschen verschrammt und ein paar blaue Flecke! Aber ich habe keine Ahnung, wo ich hier bin. Sei vorsichtig, Heinz, damit du nicht auch versackst! Komm mir nicht näher! Geh zum Ausgang durch das Foyer. Mein Schlüsselbund steckt im Schloss der Außentür. Daran hängt eine Taschenlampe. Hol sie mir bitte!"

„Mein Gott, Heide, spinnst du? Komm da raus! Hast du dir auch wirklich nichts gebrochen? Tut dir was weh? Warte, ich komme und helfe dir rauf."

„Mach das bloß nicht, Heinz. Das hier ist alles schrecklich morsch und marode. Bleib oben und hol mir die Taschenlampe. Ich will wissen, wo ich hier bin!"

Widerwillig eilte Heinz zur Ausgangstür und holte den Schlüsselbund, an dem ein winziges Taschenlämpchen baumelte. Als er zurück an der Unfallstelle ankam, hörte er bereits, wie Heide ihm aus dem Untergrund Anweisungen zurief.

„Was hast du gesagt, Heide? Ich habe den Anfang nicht verstanden. Was soll ich tun?"

„Leg ein paar von den Trägern zum Einbruchsloch. Dann hol aus der Küche den Schemel – die Küche ist neben der linken Seitenwand. Es gibt nur die eine Tür. Und dann kommst du vorsichtig hier her und lässt den Schemel runter."

Heinz blieb nichts anderes übrig, als ihren Anweisungen zu folgen. Vorsichtig legte er die Träger so über die geöffnete Baustelle, dass er auf zweien balancierend das Loch erreichen konnte. Er legte sich auf den Bauch und spähte in die Dunkelheit. Keine Heide!

„Verflixt noch mal, Heide, wo bist du? Mach doch keinen Quatsch! Komm da raus!"

Keine Antwort. Aber von unten hörte er Kratzen und Schaben und das Geräusch von Holz, das geschoben und verrückt wurde. Er ließ, immer noch bäuchlings, den Schemel hinunter, dessen Beine, so sehr er sich auch streckte, den Boden nicht erreichten. Mit der einen Hand den Schemel haltend, leuchtete er mit der Lampe, die trotz ihrer Winzigkeit einen überraschend hellen Lichtstrahl abgab, in der anderen Hand nach unten und sah, dass der Boden nur gut eineinhalb Meter unter ihm war.

„Heide, komm her. Hier geht es raus“, rief er in die Dunkelheit. Aber Heide kramte und räumte unbeirrt weiter in der schwärzlichen Dämmerung, die von dem Leuchtkegel der winzigen Taschenlampe nur punktuell durchdrungen wurde. Entschlossen ließ Heinz den Schemel fallen, kletterte vorsichtig von dem Träger auf den Schemel und von dort auf den Boden. In gebückter Haltung kam Heide aus einer dunklen Ecke zu ihm.

„Kannst du dir das vorstellen? Die ganze Nische scheint unterkellert zu sein! Dort hinten, Richtung Osten geht es weiter. Gib mir mal die Lampe.“

Sie nahm Heinz die Lampe aus der Hand und wollte gleich wieder in die bezeichnete Richtung davonkriechen. Heinz hielt sie fest. „Zeig erst einmal, ob du wirklich nicht verletzt bist. Meine Güte, voll von Ruß und hier an der Backe Blut! Und der Ärmel ist auch kaputt. Komm, ich helfe dir raus und wir schauen uns die Bescherung bei Licht an.“

„Kommt gar nicht in Frage. Mir geht's gut. Ich bin etwas unsanft mit Arm und Gesicht auf diesem Holzbalken gelandet. Aber es ist wirklich nichts passiert. Hör auf, an mir rumzuputzen. Erst schauen wir nach, wo wir hier sind. Ich wusste gar nicht, dass dieses Stück der Kirche unterkellert war, und ich bezweifele, dass es die Pfarrerin weiß. Komm, Heinz, komm, lass uns nachschauen, wie weit dieser Keller reicht!“

Widerwillig ließ sich Heinz von Heide mitzerren. Der Raum, in dem sie sich befanden, war etwa sechs Meter breit und verengte sich, je weiter sie sich von der Einbruchstelle im Nordflügel nach rechts, Richtung Osten und Ausgang der Kirche zubewegten. Heinz konnte sich nur in gebückter Haltung bewegen und leise vor sich hinbrummend folgte er dem Lichtpunkt von Heides Lampe. Der Fußboden war uneben, schien aber aus teilweise geborstenen Pflastersteinen oder Ziegeln zu bestehen. Schutt, Dreck und vor allem Ruß und, wie es schien, Aschenreste bedeckten ihn in einer dicken Schicht. Ein beklemmendes Gefühl beschlich ihn.

„Heide, warte, jetzt warte doch mal! Was machen wir hier unten eigentlich? Wenn die ganze Chose über uns zusammenbricht, was ist dann?“ Heide schien unbeeindruckt. Allerdings blieb sie stehen und leuchtete mit ihrer Lampe an Wänden und Decke entlang.

„Nein, das sieht alles stabil aus. Das hält. Es hat tausend Jahre gehalten, dann wird es jetzt nicht gerade in sich zusammenstürzen.“

Die Wände bestanden aus unregelmäßig gesetzten Hausteinen und waren mit Staub und Schmutz und unzähligen Spinnweben überzogen. Die Luft roch nach Staub und Alter aber nicht modrig. Der ganze Keller oder was immer das war, wo sie sich befanden, war merkwürdig trocken und schien wärmer zu sein als das Kircheninnere.

„Ist es hier nicht wärmer als oben“, fragte Heide, „oder kommt mir das nur so vor?“

„Doch, doch, das finde ich auch. Weißt du, wo der Heizungskeller ist?“

„Nein, aber wahrscheinlich hier weiter rechts. Soweit ich weiß, kann man ihn nur von außen, vom Garten aus betreten.“

Heinz grübelte über diese Richtungsangaben einige Sekunden nach und beachtete nicht, wohin er trat – rumms!!! „AUA, verflucht, jetzt habe ich mir auch noch das Hirn aufgeschlagen, das tut ganz schön weh!“

„Stell dich nicht so an“, sagte Heide mitleidlos, „schau nur, dort drüben geht es weiter.“ Und ungerührt kroch sie weiter auf einen Mauerdurchlass zu, hinter dem absolute Schwärze herrschte. Die Maueröffnung war halb mit Schutt und geschwärzten, ziemlich verkohlten Balken verstopft. Zweifelnd schauten die beiden sich an. Wenn man diesen Balken wegzog, würde dann das Mauerwerk daneben einstürzen? Außerdem war es hier wirklich unangenehm dunkel und auch ein bisschen unheimlich. „Heide, ich glaube, wir lassen das lieber. Ich finde, wir sollten dieses Feld den Fachleuten überlassen.“

„Ach, komm schon. Du glaubst doch nicht an Gespenster, oder? Vergiss nicht, wir sind in einer Kirche!“

Tatkräftig ging Heide daran, den quer vor dem Mauerdurchgang liegenden Balken zu verrücken. Heinz blieb nichts anderes übrig, als ihr zu helfen. Mühsam räumten sie einen schmalen Durchgang frei und zwängten sich hindurch. Hier wurde der Boden leicht abschüssig und mündete in einen schmalen Gang, den sie bald aufrecht gehend durchschreiten konnten. Durch Gesteinsbrocken, Balken- und Mauerschrott immer wieder aufgehalten, kamen sie nur langsam vorwärts. Aber nach mehreren Metern, Heide meinte, sie könnten inzwischen in der Nähe des Foyers sein, öffnete sich der Gang zu einem Raum, den sie mit dem schmalen Lichtstrahl der Taschenlampe in der absoluten Schwärze nicht recht fassen konnten.

Heinz, inzwischen ebenfalls von Abenteuerlust und Entdeckerrausch angesteckt, schlug vor, an einer Wand entlangzugehen, um die Größe des Raumes zu ermitteln. Jetzt verließ Heide der Mut. „Wenn meine Batterie den Geist aufgibt, finden wir nicht mehr zurück! Und dann vermodern wir hier drin! Nein, lass uns zurückgehen, ich weiß, wo die Altarkerzen aufbewahrt werden. Mit mehr Licht probieren wir es noch einmal."

Heinz war einverstanden. Mühsam krochen sie zurück, schlüpften durch das Mauerloch, klabasterten über den Schemel nach draußen und atmeten auf, als sie wieder im, wenn auch spärlichen, Licht des Spätnachmittags standen.

„Meine Güte", grinste Heide. „Wie siehst du denn aus? Der Mantel verrußt, die Hose verdreckt und die Beule an der Stirn ist besonders kleidsam!"

„Schau dich selbst erst einmal an", meinte Heinz ungerührt und versuchte den gröbsten Schmutz aus seinen Kleidern zu klopfen. „Aber jetzt sind wir schon mal dreckig. Jetzt können wir auch der Sache endgültig auf den Grund gehen. Wo sind die verd ..., die lieben Altarkerzen?"

Heide lief durch das Kirchenschiff ins Foyer, öffnete eine der Seitenkämmerchen und kam triumphierend mit einer Handvoll langer Altarkerzen und einem Feuerzeug zurück. „Weißt du was, Heinz? 1685 hat man den Fußboden von St. Johannis aus statischen Gründen um 2,65 Meter erhöht. Vielleicht sind das die Reste dieses Umbaus, in die wir aus Versehen gelangt sind."

„An was du immer denkst, wenn man es am wenigsten erwartet! Aber, Heide, lass uns keine voreiligen Schlüsse ziehen. Lass uns einfach nachsehen, wohin der Gang uns führt."

Gemeinsam machten sie sich wieder an die Kraxelei über die Träger, auf den Schemel, durch den Kellerraum, in den Gang, bis zu dessen Einmünden in den noch unerforschten Raum. Hier zündeten sie die Kerzen an, bis auf zwei, die Heide für den Rückweg aufsparen wollte. Der Raum war spärlich und nicht bis zur Gänze erhellt. Trotzdem sahen sie beide das Unglaubliche.

„Schau dir das an!", rief Heinz in grenzenloser Verblüffung. Sie standen in einem Raum, der vor langer Zeit einmal bewohnt worden sein musste, der aber zur Hälfte eingestürzt war. Unmittelbar vor ihnen an der Wand war ein Lager errichtet, mit Decken und Kissen, überzogen mit einer mehrere Finger dicken Staubschicht und übersät von Geröll und Mauerstücken. Daneben stand ein hölzernes Regal, teilweise eingebrochen, mit staubigen Büchern und allerlei undefinierbaren Krügen und Töpfen und rechts von ihnen, wohl in der Mitte des Raumes, befand sich ein zerbrochener Tisch, dahinter, von Schutt und Balken halb begraben, ein Polsterstuhl, über dem quer ein Balken lag.

„Oh, mein Gott!", stöhnte Heide. Unter dem Balken schauten zwei menschliche Beine in grauen langen Hosen hervor. Die Füße steckten in braunen Filzpantoffeln. Der Rest des leblosen Körpers war gnädiger Weise von einem Meer aus Balken, Mauerresten, Ruß und Schutt verdeckt.

Wie festgefroren standen die beiden einen Augenblick da und starrten auf den grausigen Fund. Heinz erholte sich als Erster. „Das ist jetzt Sache der Polizei", bemerkte er entschieden. „Lass uns hier verschwinden. Dem armen Kerl ist mit Sicherheit nicht mehr zu helfen!"

„Ja, da hast du recht, aber hier muss Dr. Nikolaus her, der Bodendenkmalpfleger. Wer weiß, wie alt das alles hier ist. Vergiss nicht, wir sind in der ältesten Kirche von Mainz, die vor dem Martinsdom als Bischofskirche gedient hat."

„Da hast du freilich ein Argument. Aber die Polizei muss trotzdem zuerst informiert werden. Bei all dem Ruß würde es mich nicht wundern, wenn es sich um einen Kriegsschaden aus dem Zweiten Weltkrieg handelte!"

„Kann auch sein! Also, lass uns gehen. Die Pfarrerin, die Polizei und der Denkmalpfleger vom Landesamt. Die können ja dann entscheiden, wer was wann untersucht."

Zurück in der sicheren Geborgenheit der Kirche begannen Heides Beine zu schlottern. Sie musste sich auf die staubige Plastikfolie über den Altarstufen niedersetzen. Dann schossen ihr Tränen in die Augen.

„Ich weiß gar nicht, was los ist“, schniefte sie und wischte sich mit der schmutzigen Hand energisch die Tränen aus dem Gesicht.

„Na prima“, versuchte Heinz sie aufzumuntern. „Du bist zwar weiß wie ein frisch gewaschenes Leintuch, aber jetzt hast du wenigstens ein paar schwarze Streifen im Gesicht, feine Kriegsbemalung!“

„Entschuldige, Heinz. Ich bin sonst keine Heulsuse, aber der Schock! Wer dieser arme Mensch wohl ist? Ob er sehr gelitten hat? Vielleicht ist er ja auch verhungert und das Gewölbe ist viel später eingestürzt! Dieser ganze Schuttberg auf ihm drauf!“

„Beruhige dich, Heide. Er war mit Sicherheit sofort tot. Denk doch an den riesigen Balken, der über ihm lag.“

Nach einer Weile, als Heide sich einigermaßen beruhigt hatte, fuhr Heinz fort: „Geht es wieder? Wo ist die resolute Frau Freber geblieben? Auf, komm, wir müssen schleunigst Bericht erstatten!“

Mühsam richtete Heide sich auf. Beide schüttelten Mäntel und Mützen aus und entfernten die gröbsten Schmutzspuren. In der Küche wuschen sie sich Gesicht und Hände. So wieder hergestellt verließen sie die Kirche, die Heide verschloss, und liefen um den Ostchor und durch die Johannisstraße zum Pfarrhaus. Über dem gotischen Westchor segelten Krähen hoch in den Lüften und krächzten hämisch in die Dämmerung. „Ich wusste, dass sie ein böses Omen sind!“, murmelte Heide und wies, als Heinz sie verständnislos ansah, hinauf zu den kreisenden und kreischenden Krähen.

„Ja, eigentümlich“, meinte Heinz. „Eigentlich müssten die doch längst schlafen! Ach, übrigens, wie heißt die Pfarrerin eigentlich? Ich kann sie doch gar nicht ansprechen.“

„Dr. Zelinski“, antwortete Heide. „Aber den Doktor kannst du weglassen. Sie ist nicht so wie die feinen Herrschaften aus deinem Ministerium, was ja auch mal das Meinige war. Bei denen wurde man ja glatt der Blasphemie bezichtigt, wenn man sich Titel und Amtsbezeichnung sparte.“

Heinz grinste. „Ich erinnere mich sehr gut daran, dass du, liebe Heide, dieses Sakrileg das eine oder andere Mal begangen hast. Ich erinnere nur an unseren alten Chef, Minister Huber, den du, als er während einer Sitzung einen seiner Wutanfälle bekam, nur mit seinem Namen und ganz ohne Minister und ohne Doktor ansprachst. Dass du noch Herr vor den Namen gesetzt hast, war schon der höchste Ausdruck von Ehrerbietung!“

„Na, ja, manchmal ging mir dieser ganze hierarchische Kram einfach gegen den Strich!“ Beide wussten, dass sie über Belanglosigkeiten aus ihrer gemeinsamen Vergangenheit im Kultusministerium sprachen, um ein wenig Abstand von dem grausamen Erlebnis zu bekommen, dem sie sich eben gegenübergesehen hatten.

Inzwischen waren sie am Pfarrhaus angekommen. Heide klingelte. „Hoffentlich ist jemand da. Die Pfarrerin macht nicht immer auf, wenn sie arbeitet und keinen Besuch erwartet.“

Aber da hörte Heide schon die vertraute Stimme aus der Gegensprechanlage. „Heide Freber, Frau Zelinski. Wir müssen ganz dringend ...“

Noch bevor sie den Satz beenden konnte, hörte sie das Summen des Türöffners und sie und Heinz schlüpften ins

Haus. Die Pfarrerin erwartete sie bereits auf dem Treppenabsatz. „Ist was passiert?“, fragte sie besorgt. Heide stellte Heinz vor und gemeinsam betraten sie das Arbeitszimmer der Pfarrerin.

Atemlos berichtete Heide, was geschehen war. Wie sie Heinz die Kirche hatte zeigen wollen, wie sie leichtsinnig über die Baustelle in der Nordnische gelaufen und dort eingebrochen war. Wie sie beide den Keller und den unterirdischen Gang und schließlich den Toten in dem halb zerstörten Raum am Ende des Ganges gefunden hatten.

Die Augen von Frau Zelinski waren bei dieser Geschichte immer größer und immer dunkler geworden, alles Blut war aus ihrem Gesicht gewichen.

Erst jetzt schien sie den desolaten Zustand, in dem sich ihre beiden Besucher befanden, zu bemerken.

„Lieber Gott, was für ein Schock! Sie Arme! Zeigen Sie her! Ich hole Pflaster für Ihre Wange, Frau Freber, und für Ihre Stirn, Herr Küster. Und dann koche ich uns eine schöne, heiße Tasse Tee und dann sehen wir weiter.“

Die hochgewachsene, schlanke Frau eilte nach nebenan und kam gleich darauf mit allem zurück.

Bei einer dampfenden Tasse des guten und süßen Pflaumentees, den Heide so liebte und den der Mann der Pfarrerin immer von seinen Auslandsreisen mitbrachte, kehrten die Lebensgeister allmählich in die beiden Abenteurer, die eigentlich aus dem Abenteureralter heraus waren, zurück.

Dann rief Frau Zelinski zuerst bei der Polizei, dann bei der Kirchenleitung an. Sie erhielt von beiden den Auftrag, Frau Freber und Herrn Küster bei sich zu behalten, bis die Polizei eintreffen würde und bis der zuständige Architekt der Kirche, der die Renovierungsarbeiten leitete, ankäme.

Von da an ging alles seinen geregelten und amtlich vorgeschriebenen Gang. Die beiden Beteiligten wurden noch am gleichen Abend und im Beisein der Pfarrerin im Pfarrhaus von der Polizei verhört. Sie wurden aufgefordert, am folgenden Morgen ins Polizeipräsidium zu kommen, um ihre offizielle Aussage zu machen. Herr Biermüller, der Architekt, traf wenig später ein und ließ sich noch einmal den Ablauf des Geschehens erzählen, ohne auf die wohlverdienten Vorwürfe zu verzichten, wieso Frau Freber leichtsinnig und verantwortungslos eine gesicherte und abgesperrte Baustelle hatte betreten können. Frau Freber nahm den berechtigten Tadel schuldbewusst entgegen. Sie wies jedoch darauf hin, dass man ohne ihre zugegebene Leichtfertigkeit nie auf die unterirdischen Räumlichkeiten der Kirche und auf den armen Toten gestoßen wäre. Keck merkte sie auch noch an, man möge nicht vergessen, Dr. Nikolaus vom Landesamt zu benachrichtigen, der sicherlich auch ein Wörtchen bei der Besichtigung der „Unterwelt" mitzureden hätte. „Ich kenne ihn seit Ewigkeiten und weiß, wie sauer er ist, wenn solche ‚archäologischen' Funde nicht sofort bei ihm angezeigt werden", bemerkte Heide.

Über so viel Chuzpe musste Herr Biermüller wieder lachen und verabschiedete die beiden mit der Bitte, sich für weitere Fragen bereitzuhalten, sich aber von der Baustelle und den unterirdischen Gängen auf jeden Fall fernzuhalten.

Heinz erbot sich, Heide nach Hause zu fahren, aber Heide zog es vor, durch die kühle und feuchte Nachtluft zu Fuß zu gehen und so verabschiedeten sie sich von Frau Zelinski und voneinander und jeder ging, mit seinen eigenen Gedanken beschäftigt, heimwärts. Heide ertappte sich dabei, am Bahnhof links abbiegen zu wollen, um in den Grüngürtel von Mainz zu gelangen, wo sie viele Jahre gelebt hatte. Aber nach dem Tod ihres Mannes vor einigen Jahren hatte sie das gemeinsame Haus verkauft und war in eine Wohnung mit Aussicht über Stadt und Taunus gezogen, wo sie seitdem mit ihrer Katze allein lebte. Sie schalt sich ein zerstreutes Huhn und wendete ihren Schritt entschlossen nach rechts.

Zu Hause angekommen, entschied Heide, zu allererst ein langes und heißes Bad zu nehmen. Zu dieser Extravaganz entschloss sie sich nur höchst selten, weil ihr für diese Prozedur normalerweise die Geduld fehlte. Heute fand sie jedoch, dass sie diesen Luxus nötig hatte. Während das Wasser in die Wanne lief, hängte sie ihren Mantel zum Auslüften auf den Balkon. Alles andere, was sie am Leibe trug, wanderte in den Wäschepuff. Dabei warf sie einen flüchtigen Blick in den Spiegel. War sie wirklich dicker geworden? Na ja, es ging noch für ihr Alter, fand sie. Immerhin hatte sie im letzten Sommer ihren 67. Geburtstag gefeiert. Zwar war sie ein bisschen kleiner als noch vor zehn Jahren, die Rundungen etwas fülliger. Aber das dunkle, kurzgeschnittene Haar war noch nicht mit grauen Strähnen durchsetzt. Auch das Gesicht war noch recht ansehnlich, trotz der Falten.

Aufatmend ließ sie sich in das heiße Wasser sinken. Und Heinz? Der hatte inzwischen auch die Fünfzig überschritten! Sie waren schon zwei merkwürdige Abenteurer! Nichts von der Würde zweier Staatsdiener! Heides verstorbener Mann wäre entsetzt gewesen, hätte er von dem Unterfangen des vorangegangenen Nachmittags gewusst. Wie war es bloß zu dieser Verrücktheit und dem darauf folgenden bitteren Ende mit dem grausigen Fund unter der St. Johanniskirche gekommen?

II.

Mrs. Regina Miller, geb. Grün, sucht ihre Wurzeln

Es war der letzte Samstag im Oktober gewesen, ein klarer, sonniger Tag mit flimmerndem Licht und phantastischer Fernsicht, wie sie manche Herbsttage mit sich bringen. Heide hatte sich mit Heinz, einem früheren Arbeitskollegen, verabredet, weil Heinz einer der wenigen Vertrauten war, mit dem sie gern und viel zusammengearbeitet hatte und mit dem sie immer noch eine lockere Freundschaft verband.

Sie betrachtete sein Profil. Er war immer noch ein gutaussehender Bursche, jetzt, mit Anfang fünfzig. Die kurzgeschnittenen braunen Haare begannen an den Schläfen grau zu werden. Der schmale Schädel mit dem ausgeprägten Hinterkopf, die hohe Stirn und die gerade Nase zeigten immer noch die klassischen Züge eines wesentlich jüngeren Mannes. Wie hatte er nur seine athletische Figur behalten können, grübelte Heide.

„Bin ich nur wegen der schönen Aussicht hier oder hast du noch etwas anderes auf dem Herzen?"

Heinz hob sein Glas gegen die Sonne und betrachtete die hellgelbe, mit einem Stich ins Grünliche gehende Farbe des Weins, bevor er einen tiefen Zug nahm. „Ah, das tut gut, nach diesem anstrengenden Fußmarsch, auf den du mich am frühen Morgen gescheucht hast!"

Sie betrachtete ihn und sein Glas eine Weile, während ihr die völlig nebensächliche Frage durch den Kopf ging, warum Weißwein eigentlich „weiß" hieß, wenn er doch von hellgelber Farbe war. Rotwein war rot und Rosé war rosé. Es müsste also Gelbwein heißen. Eine dieser Unsinnigkeiten der Sprache!

Dann konzentrierte sie sich wieder auf ihr Gegenüber: „Bekommst du bestimmt auch keinen Ärger mit Weib und Kind, wenn du hier so gemütlich mit mir herumsitzt?", fragte sie statt einer Antwort.

„Wir sind heute Mittag verabredet. Mein Onkel, du weißt schon, der der über die historischen Wege um Mainz und im Rheinhessischen schreibt, feiert seinen achtzigsten Geburtstag drüben in Mombach."

Er wies mit der freien Hand nach rechts über den Rhein.

„Britta und die Kinder treffen mich dort. Wenn du meiner Frau allerdings erzählst, dass ich mit dir eine geschlagene Stunde bis hierher gelaufen bin, habe ich keinen einzigen ruhigen Sonntag mehr in den nächsten zwanzig Jahren! Ach, was sage ich, ich werde nie wieder, mein ganzes Leben lang, darum herumkommen, den Sonntagsspaziergang mitzumachen! Also, untersteh dich!"

Er hatte dabei eine so tragische und gequälte Miene aufgesetzt, dass sie nicht wusste, ob an dieser Aussage nicht vielleicht ein Körnchen Wahrheit war, und beschloss, Britta natürlich nichts von ihrem Ausflug zu Fuß über die Eisenbahnbrücke und auf dem anderen Rheinufer hinauf, unter der Theodor-Heuss-Brücke hindurch und weiter stromaufwärts zu erzählen. Dann kramte sie in ihrem Rucksack und holte einen Hefter heraus, den sie vor ihn auf den Tisch legte.

„Ich wollte dich bitten, einmal hier hineinzuschauen, mein Lieber, und glaube mir, ich musste für diese Bitte erst einen Anlauf nehmen, du kennst mich ja!"

„Was ist das denn?", fragte Heinz und blätterte in dem Bündel von sauber getippten Seiten.

„Schau halt mal rein!"

Er blätterte zurück auf die erste Seite und begann laut

vorzulesen: Bruder Konrads Albtraum oder wie Heinrich II. zum König der Deutschen gekrönt wurde. Er schaute noch einmal skeptisch auf die Überschrift: „Was für ein Albtraum kann denn bei der Krönung Heinrichs II. eine Rolle spielen? Das war doch der, der heiliggesprochen wurde, oder?“

„Ich wusste doch, dass du dich auskennst! Ja, Heinrich IV., Herzog von Bayern, war der Sohn Heinrich des Zänkers, bevor er zum deutschen König unter dem Namen Heinrich II. gekrönt wurde. Und seine Krönung kam auf die pfiffige Mainzer Art zustande. Ein bisschen ‚gefutschelt‘, ein bisschen ‚getrixt‘, hart am Rande der Legalität. Schon vor tausend Jahren müssen die Mainzer Meister in dieser Disziplin gewesen sein. Am Ende passt alles zusammen und jeder ist glücklich und zufrieden und manchmal sogar heilig!“

„Wieso ‚gefutschelt‘, wieso am Rande der Legalität? Erzähl mir doch kurz die Zusammenhänge. Ich habe sie im Augenblick nicht parat!“

„Also, wir sind im Jahre des Herrn 1002. Otto III., Kaiser von Deutschland und Reichsitalien, stirbt ganz plötzlich und unerwartet mit nur 22 Jahren, als er in Bari seine byzantinische Braut erwartet. Aus der Schar der Herzöge als mögliche Nachfolger melden sich Heinrich IV. von Bayern, Markgraf Ekkehard von Meißen (Herzog von Thüringen) und Hermann von Schwaben. Mit List, Durchsetzungsvermögen und einer Portion Chuzpe gelingt es Heinrich und Willigis, Bischof von Mainz, sich gegen eine gewaltige Übermacht durchzusetzen.“

„Richtig, richtig, jetzt weiß ich's wieder! Der klaut die Reichsinsignien und da war doch auch noch etwas Unfeines mit der heiligen Lanze. Ja, ja, da kann man schon Albträume bekommen!“

Heinz nahm noch einen Schluck von dem Wein und begann zu lesen.

Während Heinz die muskulösen Arme auf die Knie gestützt mit gerunzelter Stirn konzentriert las, ließ Heide den Blick versonnen zum gegenüberliegenden Ufer wandern. Dort lag sie, ihre Wahlheimat Mainz, wie das vieltürmige Theben, ausgebreitet wie auf einem kunstvollen Panoramabild. Ganz rechts die gewaltige Kuppel der Christuskirche, dann die barocken Doppeltürme von St. Peter, der rote viereckige Turm von Quintus, die spitze Nadel der Karmeliterkirche, St. Stefan auf der Höhe und in der Mitte der dominierende und eindrucksvolle Dom. Wenn man genau hinsah, konnte man den kurzen dunklen Dachreiter oder den zu klein geratenen Glockenturm der Johanniskirche sehen und den romanischen Helm von St. Emmeran. Ganz links stand der gelbe Turm der Weisenauer Kirche vor dem blauen Himmel. Die herbstliche Vormittagssonne schien warm auf die Holzstühle der etwas heruntergekommenen Terrasse des Restaurants Domblick auf der Maaraue, auf der die beiden saßen. Ein Frachtkahn, beladen mit rostroten Containern, zog mit schäumender Bugwelle in rascher Fahrt den Rhein hinunter. Möwen sausten, laut kreischend, in scharfen Bögen über das Schiff und die Sonne ließ ihre schmalen Flügel in jeder Kurve hell aufleuchten.

Jetzt drehte sich Heinz zu ihr um und fragte: „Was ist das, Heide, das hört sich vielversprechend an?“

„Also, du weißt ja, dass ich mich für die St. Johanniskirche, die älteste Kirche in Mainz – immer vorausgesetzt, dass keiner etwas anderes beweisen kann! – engagiere. Um den Leuten die Bedeutsamkeit dieser Kirche, die irgendwie einen Tarnmantel um sich trägt, ins Bewusstsein zu rücken, bin ich dabei, einen Kirchenführer für St. Johannis zu schreiben. Bald haben wir das Hatto-Jahr und da soll er fertig sein. Es soll ein Kirchenführer werden, wie ich ihn selbst gerne lesen würde. Nicht trocken und fachgesimpelt, sondern unterhaltsam, kurzweilig und lehrreich. Er soll nicht nur die kunstgeschichtlichen und bauhistorischen Fakten enthalten, sondern sowohl die Geschichte der Kirche und der Stadt und die Legenden, die sich um die Kirche ranken, sollen einbezogen werden."

„Gut und schön, aber was hat die Johanniskirche mit Heinrich II. zu tun?"

„Die meisten Historiker gehen davon aus, dass Heinrich II. im Jahre 1002 von Willigis just in dieser Kirche zum König gekrönt wurde, weil der Dom 1009, am Tag der Weihe oder in der Nacht davor, abbrannte. Der kann also 1002 noch nicht fertig gewesen sein und eine so große Sache wie die Krönung eines Königs wird wohl kaum auf freiem Felde stattgefunden haben."

„Ach so, ja. Du, Heide, ich muss zu meiner Schande zugeben, dass ich auch nicht genau weiß, wo die Johanniskirche ist", sagte Heinz ein klein wenig beschämt, „obwohl ich schon seit zwanzig Jahren in Mainz arbeite."

„Siehst du", erwiderte Heide lächelnd, „ich weiß auch nicht, wie das möglich ist, aber selbst Urmainzer kennen diese Kirche nicht immer, obwohl sie doch, bevor St. Martin gebaut worden war, als Domkirche fungierte! Wenn du von der Ludwigstraße kommend über den Leichhof Richtung Augustinerstraße gehst, kommst du rechts an der Ecke Schöfferstraße/Johannisstraße direkt an ihr vorbei!"

„Ja, ja, jetzt weiß ich es, natürlich! Aber ich muss gestehen, ich war noch nie drinnen. Sieht sie nicht ein bisschen vernachlässigt, ein bisschen schäbig und ein bisschen bescheiden aus?"

„Nein, jetzt nicht mehr."

Heide konnte berichten, dass die Außenrenovierung im Sommer abgeschlossen worden war, dass die Kirche nun in hellem, sauberem Glanz erstrahlte, das Dach neu verschiefert war, die Kreuze frisch vergoldet und die Fensterlaibungen des gotischen Westchors in sattem Rostrot des Rotsandsteins festlich hervorgehoben waren.

„Du warst wohl eine ganze Weile nicht mehr in der Stadt, oder?", stellte sie fest.

„Ja, das ist wohl wahr. Du weißt ja noch, wie es bei uns im Kultusministerium zugeht: Berge von Akten, Briefen, Anfragen, die unbedingt und ohne zu zögern, sofort und jetzt gleich bearbeitet werden müssen, Konferenzen, Sitzungen, kaum Luft zum Atemholen", meinte Heinz ein bisschen resigniert. „Aber erzähl, du willst also einen Kirchenführer schreiben und hast schon ein ganzes Stück geschafft", sagte er und ließ den Stoß Seiten durch die Finger blättern. „Was willst du jetzt von mir?"

„Heinz, ich brauche eine unabhängige Meinung, ob das, was ich bis jetzt habe, etwas taugt. Wenn du nämlich nicht überzeugt bist, lass ich die ganze Angelegenheit. Die Schwierigkeit ist nämlich a) dass ich meinen inneren Schweinehund ständig aufs Neue überwinden muss, um mich hinzusetzen und ein weiteres Kapitel zu schreiben und b) dass ich nicht weiß, ob ein solches Konglomerat aus Kunstgeschichte, Geschichte und Geschichten Kirchenbesucher interessieren könnte. Als Juristin, die ihr Berufsleben in der Verwaltung zugebracht hat, wage ich das nicht zu beurteilen."

„So, so", meinte Heinz sinnend. „Du hast ja viel Vertrauen in mich."

„Na ja, Heinz. Du hast Kunsterziehung und Geschichte studiert. Du hast sowohl in der Kunstabteilung als auch in der Schulabteilung des Kultusministeriums gearbeitet. Wenn einer beurteilen kann, ob das hier etwas taugt, dann du!“

„Das ehrt mich natürlich und ich will mich gern mit der Sache auseinandersetzen.“ Er blickte auf seine Uhr und blätterte noch einmal durch das Manuskript.

„Aber nicht jetzt. Es wird allmählich Zeit, dass wir zurückgehen. Ich sagte dir ja vorhin, dass ich zum Essen verabredet bin.“

Heide und Heinz zahlten und gingen dann stromabwärts auf die Theodor-Heuss-Brücke zu. Unterwegs wies Heide nach rechts zu einem kleinen, mit Bäumen bestandenen Hügel. „Schau mal, Heinz, dort drüben liegt das Denkmal der Mainzer Schwertleite vom Pfingstsonntag 1184, als Kaiser Barbarossa seine beiden ältesten Söhne hier in Mainz in den Ritterstand erhob. Das war eines der glanzvollsten Reichsfeste des Mittelalters. Hier auf der Maaraue standen Hunderte von Zelten, in denen alles, was Rang und Namen im Reich und in Europa hatte, campierte. Bis dann ein gewaltiges Unwetter, das wohl erhebliche Schäden angerichtet hat und viele Todesopfer forderte, dem Fest ein abruptes Ende setzte.“

„Du steckst voller Überraschungen mit deiner Hingabe an die Geschichte!“, erwiderte Heinz. „Darüber wusste ich gar nichts mehr, obwohl mein Geschichtslehrer sich wegen meiner Vergesslichkeit bestimmt im Grabe umdreht! Aber ich kann auch etwas Geschichtliches bieten!“

Während sie über die Brücke schritten, berichtete Heinz von einem ziemlich interessanten Schriftverkehr, den er derzeit bearbeitete. Es handele sich um eine amerikanische Jüdin, deren Vorfahren aus Mainz stammten. Heinz fuhr fort: „Wir sehen noch nicht ganz klar, aber nach dem, was bis jetzt deutlich geworden ist, fand die Amerikanerin im Nachlass ihrer kürzlich verstorbenen Mutter ein Tagebuch von ihr und einen Briefwechsel mit deren Onkel aus den späten Dreißigerjahren des vorigen Jahrhunderts. Die Amerikanerin, Frau Regina Miller, geborene Grün, möchte nun mehr über ihre Vorfahren herausfinden. Ich bin eingebunden worden, weil die Mutter ihre ersten Jahre der höheren Schule in der Mainzer Höheren Töchterschule zubrachte, der heutigen Anne-Frank-Realschule an der Petersstraße. Du weißt ja, die Anne-Frank-Schule fällt in mein Aufgabengebiet. Aber weiter. Noch interessanter als die Mutter erscheint mir der Onkel zu sein, der erst unter Rabbiner Professor Dr. Siegmund Salfeld und dann unter Dr. Levi die Bibliothek der Mainzer Juden betreute. Er oder einige wertvolle Schriftstücke aus dieser Bibliothek oder beide scheinen von irgendeinem Mainzer versteckt worden zu sein. Leider verliert sich die Spur Anfang der Vierzigerjahre."

„Ui, das ist ja äußert spannend! Was hältst du denn davon? Hat er oder haben seine Bücher oder beide den Krieg überlebt und wenn ja, wo? Oder ist er genauso wie die Hälfte aller Mainzer Juden in einem der KZs umgekommen?", fragte Heide sofort elektrisiert.

„Wenn ich das nur wüsste", antwortete Heinz. „Leider fehlt mir die Zeit, mich eingehend mit der Angelegenheit zu befassen."

Nach kurzem Zögern sagte er: „Weißt du was: Ich schicke dir eine Kopie des gesamten Schriftverkehrs. Du schaust es dir an und sagst mir deine Einschätzung darüber. Vielleicht kannst du ja auch ein bisschen recherchieren. Und im Gegenzug mache ich das gleiche mit deinem Führer."

Do, ut des, dachte Heide. Laut sagte sie: „Genauso machen wir es."

Inzwischen waren sie am Ministerium in der Mittleren Bleiche angekommen, wo Heinz sein Auto abgestellt hatte. Vor dem eigenwilligen aber formschönen Springbrunnen, den die Mainzer „Beamtenwecker" nannten und der von dem Bildhauer Gernot Rumpf gestaltet worden war, verabschiedeten sie sich und Heinz entschwand im Gebäude.

Heide ging zufrieden nach Hause. Das hatte sich doch alles sehr gut angelassen, und wenn sie auch noch ein Stück Geschichte, für die sie sich so brennend interessierte, über Heinz kennenlernen sollte, umso besser. Vergnügt stieg sie bergan in den Grüngürtel, der Mainz im Halbkreis umschloss und in dem auch ihr neues Zuhause lag.

Drinnen begrüßte ihre Katze Semiramis sie mit freundlichem Schnurren. Sie streichelte das Tier liebevoll. „Hast du jetzt Hunger, mein Mädchen?", fragte sie und die Katze antwortete, indem sie ihr um die Beine strich, ihren Kopf an Heides Hosenbein rieb und ihr Schnäuzchen zu einem lautlosen Miau öffnete, was ihr Frauchen immer wieder aufs Neue entzückte. Sie nahm die Katze auf den Arm und drückte sie an sich. „Du bist ein ganz liebes Tier, meine Süße!"

Am Sonntag nach ihrer Wanderung mit Heinz war der Himmel bedeckt mit dicken, grauen, regenschweren Wolken, die in kaltem Westwind träge dahinzogen. Mit dem herrlichen Herbstwetter schien es endgültig vorbei zu sein. Als dann noch Regen einsetzte, beschloss Heide, zu Hause zu bleiben und sich an die seit längerer Zeit liegengebliebenen Schreibarbeiten zu machen.

Doch gegen Nachmittag hielt sie es drinnen nicht mehr aus und entschied sich, einen Spaziergang durch die Stadt zu unternehmen. Der Regen hatte inzwischen aufgehört, aber der Wind war merklich aufgefrischt, sodass die Wolkenfetzen über den Himmel jagten. Sie zog sich ihre Windjacke an, klemmte einen Schirm unter den Arm und machte sich auf den Weg.

Sie lief über den Münsterplatz, durch die Schillerstraße und freute sich an den kurzstieligen Pompondahlien in den Anlagen auf dem Schillerplatz, denen der Regen nichts anhaben konnte und die immer noch ihre roten und gelben Blütenkelche emporreckten. Sie verweilte einen Augenblick am Fastnachtsbrunnen, der, da das Wasser bereits abgestellt war, etwas marode und grau aussah. Die vielen pfiffigen Figuren, die sonst keck und nass glänzend auf den Beschauer heruntergrinsten, schauten heute etwas traurig und vergrämt drein. Nur der Gardesoldat an der Ecke zur Ludwigsstraße, die die Mainzer liebevoll ihre Lu nannten, schwang unverdrossen seinen Trommelschlägel.

Auch heute wieder zog es sie magisch zur Johanniskirche, ihrer heimlichen Liebe. Als sie den Bischofsplatz überquerte, fiel ihr Blick auf das weit in den Platz hineinragende Eckhaus des Bestattungs-Instituts Barth. Zum wiederholten Male fragte sie sich, warum die Großeltern Barth ihr Geschäft „Institut“ genannt hatten und nicht einfach nur „Bestattungen“ wie die anderen aus der Branche. Dann wendete sie sich dem hochaufragenden Westchor der Kirche zu, der von schwarzen Krähen umkreist wurde. Mistviecher! Wo kommt ihr denn wieder her? Nur gut, dass man nicht abergläubisch ist! Allerdings können schwarze Krähen, die ein Gotteshaus umkreisen, kein gutes Omen sein!, dachte sie und schritt eilig zum hinteren Portal, zu dem sie einen Schlüssel hatte.

Im Innern der Kirche herrschte, wie immer, friedliche Stille und eine ganz besondere Atmosphäre, die noch durch das Dämmerlicht eines dunklen Tages verstärkt wurde. Man konnte förmlich mit Händen den Hauch Jahrhunderte alter

Frömmigkeit greifen, eine Empfindung, die Heide jedes Mal aufs Neue verwunderte und beglückte. Es ist bestimmt etwas an dem Gedanken, dass Wünsche, Träume, Gebete, mit Inbrunst an der gleichen Stelle gen Himmel gesandt, etwas zurücklassen, was auch noch heute, trotz unserer schnelllebigen, ja hektischen und materialistisch-ungeistlichen Zeit zu spüren ist, dachte sie wie so oft, wenn sie die halbdunkle Kirche allein betrat. Wieder betrachtete sie mit Faszination die steil aufragenden Bündelpfeiler der ehemaligen Vierung, die abrupt im Tonnengewölbe der Holzdecke endeten, eine Renovierungslösung nach den verheerenden Kriegsschäden von 1942, die die Kirche ohne Dach zurückgelassen hatten. In den Fünfzigerjahren des 20. Jahrhunderts hatte Karl Gruber, der Darmstädter Architekt, der sich vor allem mit der Wiederherstellung von Kirchenbauten einen Namen gemacht hatte, diese Lösung gefunden.

Sich mit einem entscheidenden Ruck wieder in die Gegenwart versetzend, ließ sie ihren Blick über das schäbige Grau der Wände schweifen, schaute über den bräunlichen Steinfußboden, der da, wo viele Menschen gegangen waren, abgenutzt und braungrau aussah und an den Rändern zu den Bankreihen hin, schwarz und verdreckt erschien. Sie sah sich die fleckigen Bankreihen an, die nach einer Generalreinigung schrien und stellte zum zigsten Male fest, dass eine Innenrenovierung genauso dringend war wie die Sanierung des Äußeren, wollte man dieser alt-ehrwürdigen Kirche ein wenig ihres alten Glanzes zurückgeben.

Aber bis dahin war es noch ein weiter Weg, obwohl bereits seit einiger Zeit zwei schmale Wandflächen auf eine Breite von zwei Metern eingerüstet und mit staubiger Plastikfolie vom Boden bis zur Decke verhängt waren, um Vertikalrisse zu sanieren.

Zwei Tage später lag ein dicker brauner Umschlag in ihrem Briefkasten. Also hatte Heinz sein Versprechen tatsächlich wahr gemacht, freute sie sich und riss schon im Treppenhaus die Lasche des Umschlags auf. Im Arbeitszimmer angekommen, zog sie ein Bündel fotokopierter handschriftlicher Seiten und ein Blatt abgetippter Hinweise von Heinz heraus.

Voller Interesse setzte sich Heide an ihren Schreibtisch und begann sofort zu lesen. Zuerst überflog sie die Anmerkungen von Heinz, die mehr oder weniger das wiederholten, was er ihr bereits auf dem Rückweg von der Maaraue erzählt hatte. Dann ordnete sie die Fotokopien nach dem Datum und legte das Schreiben von Frau Miller obenauf. Schnell stellte sie beim flüchtigen Durchblättern fest, dass es sich um eine Anzahl von Tagebuchseiten, in großer, runder aber lateinischer Schrift geschrieben, handelte, offensichtlich von der Mutter, Frau Grün, als Kind oder junges Mädchen verfasst. Außerdem fand sie eine kleine Anzahl von Briefen in schwer zu entziffernder, steiler Schrift geschrieben, halb Sütterlin, halb lateinisch, so wie Heides Mutter geschrieben hatte, wodurch die Schrift ihr vertraut vorkam.

Heide entschied sich, zuerst das Tagebuch zu lesen und sich ein grobes Bild zu verschaffen und dann erst an die Zeit raubendere Entzifferung der Briefe zu gehen.

III.

Die Vergangenheit wird wieder lebendig

Die nächsten Tage waren grau und regnerisch. Der Winter schien dieses Jahr früh zu kommen. Jedenfalls hielt sich das

Wetter an den Kalender. Der November begann, wie er sein sollte, grau, nasskalt und unangenehm. Von Heides Fenster mit der weiten Aussicht über die östlichen Stadtgebiete bis in den Taunus sah sie graue Wolkenfetzen, die der Wind vor sich hertrieb. Das war das richtige Arbeitswetter und sie verbrachte viele Stunden über den amerikanischen Papieren brütend. Sie konsultierte eine Reihe einschlägiger Bücher, um sich die geschichtlichen Zusammenhänge der Dreißigerjahre ins Gedächtnis zu rufen, sie füllte die Lücken mit der Beschreibung der damals geltenden Rechtslage, sie stöberte in der Bücherei und in ihrem eigenen Bücherschrank nach authentischen Berichten aus den jeweiligen Jahren, bis sie schließlich einen Überblick über den Sachverhalt zusammengestellt hatte.

Folgendes musste sich in den schlimmen Jahren vor und zu Beginn des Krieges zugetragen haben: Die erste Eintragung des Tagebuches war mit dem 15. November 1935 datiert, dem Tag des Endes der Reise von dem deutsch-jüdischen Mädchen Bertha Mannheimer aus Mainz, damals dreizehn Jahre alt. Im Tagebuch war nicht nur die Zeit in Amerika beschrieben, sondern es wurden auch die Jahre davor in Mainz immer wieder erwähnt, sodass letztlich ein relativ vollständiges Bild des Kindes und der jungen Frau nachgezeichnet werden konnte.

Bertha Mannheimer wurde am 12. Juli 1922 als Tochter der Eheleute Leo Mannheimer, Anwalt, und seiner Frau Rina in Mainz geboren. Sie hatte einen älteren Bruder, der wie der Vater Leo hieß. Der Bruder Leo war drei Jahre älter als Bertha und besuchte, als Bertha in die Vereinigten Staaten aufbrach, die Obersekunda des Hermann Göring-Gymnasiums, nach heutiger Lesart die 10. Klasse des Schlossgymnasiums. Die Eltern wollten unbedingt erreichen, dass

Leo mit Bertha zu ihrer Tante Rosa, der Schwester der Mutter, in Fredericksburg, Virginia, ausreiste. Durch irgendeine Verkettung unseliger Umstände wurde ihm zwar das für die Ausreise unerlässliche „Affidavit of support" ausgestellt, aber durch das, wie die lakonische Auskunft der deutschen Behörden lautete, Erreichen der von den USA jährlich festgesetzten Quote für Einwanderungswillige aus Deutschland, konnte Leo nicht berücksichtigt werden. Seine Spur verliert sich im Sommer 1939, als der letzte Eintrag im Tagebuch seiner Schwester lautete: „Onkel Heinrich schrieb, dass Leo im April mit seinem Freund Michael – dann kommt die geschwärzte Stelle – aber ich weiß, dass Michael Rath aus seiner ehemaligen Gymnasialklasse gemeint sein muss – nach – wieder eine geschwärzte Stelle – ins Sommerlager gefahren ist. Gebe Gott, dass er heil nach Frankreich kommt!"

Bertha wuchs in der Lotharstraße in einer zwar jüdischen aber völlig unorthodoxen Familie auf. Dass sie Juden waren, wurde ihr erst mit zehn Jahren bewusst, als sie im Sommer 1932 auf die Mainzer Höhere Töchterschule, später Höhere Mädchenschule genannt, die heutige Anne-Frank-Realschule an der Petersstraße, ging. Ab 1933 wurde sie in der Schulakte mit einem „S" in roter Farbe geführt, was auf ihre israelitische Volks- und Religionszugehörigkeit hinwies. Wie sie leidvoll lernen musste, stand das rote „S" für „Sara", ein Name, den sie zu führen gezwungen wurde. Für Jungen wurde der Vorname „Isaak" mit einem roten „J" abgekürzt verwendet.

In ihrem Tagebuch verwies Bertha immer einmal wieder auf ihre Schulzeit in der Höheren Mädchenschule, zum Beispiel berichtete sie von dem unangenehmen Gefühl ihrer eigenen Unzulänglichkeit, als an den Türen der Klassenräume Schilder aufgehängt wurden, aus denen die Zahl der Mitglieder im BDM (Bund Deutscher Mädchen) hervorging. Sie erwähnte den neuen Schulleiter, Direktor Michel, der 1933 die Schule übernahm und den sie nie anders als in SA-Uniform gesehen hatte. Sie erinnerte sich mit Grauen an ein schreckliches Erlebnis, bei dem halbstarke Hitlerjungen ihr und einer Gruppe von Mädchen am Tor vom Schulhof aufgelauert hatten. Die Jungs in brauner Montur hatten sie und die Freundinnen festgehalten, ihr den Rock und die Unterhose heruntergerissen und unflätige Hetzparolen geschrien, sie mit Judensau und Dreckshure beschimpft. Wäre nicht ein älterer Herr eingeschritten, der zufällig vorbeikam, hätte die Sache noch schlimmer ausgehen können.

An dieser Stelle war ein vergilbter Zeitungsartikel aus der Mainzer Warte vom Samstag, dem 16. Juni 1934, in das Tagebuch eingeklebt. Der Artikel lautete:

„Wenn christliche Mädchen nicht aus eigenem Instinkt heraus fühlen, daß jeglicher näherer Verkehr mit einem Juden unehrenhaft und ihrer nicht würdig ist, dann ist diese Tatsache tief bedauerlich. Wenn aber in einer Zeit wie der heutigen, wo jeglicher Instinkt geschärft und gezüchtet wird, um die unbedingte Notwendigkeit der Reinerhaltung unserer germanischen Rasse zu erkennen, wo Tag für Tag in unermüdlicher Erziehungsarbeit Sinn und Bedeutung unseres kostbaren Erbgutes, unseres nordischen Blutes, in das Bewußtsein des Volkes eingehämmert werden, wo alles getan wird, die Schäden zu heilen, die einem Volk durch jüdisch-marxistischen Geist in langen Jahren der Knechtschaft zugefügt wurden – wenn es dann noch immer christliche Mädchen gibt, die näheren Verkehr mit Juden pflegen, dann ist diese Tatsache tief verabscheuungswürdig und gereicht einem ganzen Volke zur Schande. So unglaubwürdig es klingen mag – es gibt unehrenhafte Rassenschänderinnen auch noch in unseren Tagen, in unserer eigenen Stadt. Zwei Mainzerinnen, Therese Specht und Susie Siebenhaar, (bei der Firma Lahnstein tätig) schämen sich nicht, die Wohnung des Juden Scheier des Öfteren zu besuchen."

Danach klagte Bertha in ihrem Tagebuch darüber, dass die Mädchen ihrer Klasse sie mehr und mehr mieden, nur ihre beste Freundin Gertrud, die Tochter des Küsters von St. Johannis, hielte noch zu ihr.

Sieh an, sieh an, der Küster von St. Johannis! Heide lächelte in sich hinein. Irgendetwas ist an dieser Kirche und bestimmt nichts Schlechtes! Die Leute, die mit ihr verbunden sind, haben also auch Treue und Beständigkeit bewiesen. Heide sah sinnend aus dem Fenster und hing einen Augenblick ihren Gedanken nach. Dann beugte sie sich wieder über die Tagebuchseiten und las, dass Bertha oft geweint hatte, weil sie von ihren Klassenkameradinnen so isoliert worden war, und, was noch gravierender war, weil ihre Noten merklich schlechter wurden.

Im Frühjahr 1935 hatte sie Angst, nicht in die Untertertia versetzt zu werden, und als die Eltern vorschlugen, Bertha solle die Schule wechseln, war sie mehr als erleichtert. Sie ging davon aus, dass sie in der jüdischen Bezirksschule, die sich in der Synagoge in der Hindenburgstraße befand und die am 24. April 1934 ihre Tore geöffnet hatte, ihre Schullaufbahn fortsetzen würde. Als die Eltern jedoch davon sprachen, sie und ihren Bruder zu ihrer Tante nach Amerika zu schicken, war sie beinahe froh, weil sie nicht so rechtes Zutrauen zu der rundum jüdischen Schule hatte und weil sich das Unternehmen, mit dem Bruder ins ferne Amerika zu ziehen, nach einem gehörigen Abenteuer anhörte.

Bis hierhin war Heide die Geschichte der kleinen Bertha

klar. Aber nun stellte sie fest, dass sie zu wenig über die Zeit des „Dritten Reiches" und seine Auswirkungen auf Deutsche jüdischen Glaubens wusste, als dass sie die weiteren Zusammenhänge aus Berthas Tagebuch und den wenigen Briefen des Onkels Heinrich verstehen konnte. Sie musste sich also einerseits mit der damals in Mainz geltenden Rechtslage, das zu der Zeit zu Hessen gehörte, vertraut machen und andererseits versuchen, mehr über die jüdische Bevölkerung dieser Stadt in Erfahrung zu bringen.

Mehr über die Rechtslage in Hessen und damit in Mainz würde sie im Hessischen Staatsarchiv in Darmstadt herausfinden können, mehr über das Schicksal der Mainzer Juden, wenn überhaupt, dann im Mainzer Stadtarchiv und in der Bibliothek der jüdischen Gemeinde. Sie beschloss, zuerst die rechtliche Situation in den Blick zu nehmen, um in der Bibliothek hier in Mainz nicht ihre fatale Unwissenheit aufdecken zu müssen und damit ihre Chancen auf ernstzunehmende Hilfe durch die Mitarbeiter der jüdischen Bücherei zu verscherzen. Für das Staatsarchiv brauchte sie die Hilfe des Ministeriums. Also schrieb sie eine E-Mail an Heinz mit der Bitte, ihr eine Besuchs- und Arbeitserlaubnis im hessischen „Ausland" zu erwirken.

Heinz las Heides Mail mit Genugtuung. Sie klemmt sich wirklich dahinter, so, wie ich es von ihr erwartet habe, dachte er zufrieden. Er hatte gehofft, dass sie in den vergangenen Jahren ohne berufliche Zwänge noch nicht den Biss verloren hatte, der sie während ihrer Dienstzeit ausgezeichnet hatte.

Ein Telefongespräch mit der Staatssekretärin für Schulangelegenheiten brachte ihm einen Gesprächstermin mit ihr am nächsten Morgen ein. Er bereitete ein entsprechendes Schreiben mit der Bitte um Arbeitsgenehmigung für Heide

Freber im Hessischen Staatsarchiv vor, das die Staatssekretärin unterschreiben sollte. Bewaffnet mit diesem Schreiben und seinen Aufzeichnungen über das Anliegen der Regina Miller machte er sich am nächsten Morgen auf zum Büro der Staatssekretärin. Oben im 9. Stock war er wie immer von der lockeren Herzlichkeit der Mittvierzigerin angetan, die ihn mit der ihr eigenen Liebenswürdigkeit begrüßte.

„Na, Herr Küster, wo drückt Sie heute der Schuh?", lächelte sie und bot ihm vor ihrem imposanten Schreibtisch, der mit Akten und mit Stapeln von Papier überladen war, einen Platz an. Wie es ihre Art war, ging sie zielstrebig auf den Kern der Unterredung zu, ohne sich mit Small Talk zu belasten. Aber durch ihr freundliches Wesen, ihr Lächeln und ihre anteilnehmende Zuwendung konnte sie jedem Gegenüber, auch noch nach acht Jahren in abgehobenem, politischem Amte, die Spannung nehmen.

Heinz berichtete ihr also von der Anfrage der Frau Regina Miller, geborene Grün, aus Amerika, deren Mutter in Mainz zur Schule gegangen war und die nun nach dem Tod der Mutter Aufklärung über den Verbleib ihrer Angehörigen in Mainz erhalten wollte.

„Ist das denn nicht Aufgabe des Sozialministeriums? Nach all den Jahren! Das ist doch wohl kaum unsere Aufgabe!", meinte sie stirnrunzelnd.

„Na ja, das dachte ich auch", antwortete Heinz. „Aber das Soz.Min. hat die Angelegenheit ja an uns verwiesen, weil Bertha Grün, die Mutter, geborene Mannheimer, in den Dreißigerjahren in der heutigen Anne-Frank-Schule ihre ersten Jahre der höheren Schule verbrachte. Und weil die Familie jüdisch war und wahrscheinlich noch ist, können wir das Schreiben nicht irgendwie lapidar behandeln, sondern müssen uns eingehend mit der Sache beschäftigen. Sie wissen ja, wie unsere jüdischen Mitbrüder und -schwestern reagieren, wenn sie den Eindruck haben, wir wollten uns nicht mehr mit der Vergangenheit befassen."

„Wie wahr, wie wahr", nickte die Staatssekretärin und ein gequälter Ausdruck huschte über ihr Gesicht. „Und was gedenken Sie jetzt zu tun?", fragte sie und Heinz hatte den Eindruck, dass ein Hauch von Anteilnahme, entweder am Schicksal der Juden während des „Dritten Reiches" oder an ihm, der mit einer solch relativ aussichtslosen und aber auf jeden Fall arbeitsintensiven Aufgabe betraut war, aus ihren großen braunen Augen sprach.

„Sie erinnern sich doch an Heide Freber, die bis vor wenigen Jahren in Abteilung fünf arbeitete und in der Zeit des akuten Lehrermangels Kandidatinnen und Kandidaten aus der Wirtschaft für das Lehramt anwarb. Wir haben viele Jahre eng und, wie ich sagen darf, erfolgreich zusammengearbeitet. Und sie ist mir immer noch eine liebe Freundin, die den Dingen auf den Grund geht und sich nicht so schnell entmutigen lässt."

„Ja freilich, ich erinnere mich genau. Aber ich habe sie seit ihrem Ausscheiden nicht mehr gesehen. Sie haben noch Verbindung zu ihr?"

„Ja", nickte Heinz, „wir treffen uns hin und wieder zu einer Tasse Kaffee und neulich habe ich sie gebeten, ob sie in die Sache Regina Miller mal hineinschauen kann. Und gestern schrieb sie mir eine E-Mail, dass sie, ohne die Rechtslage während des ‚Dritten Reiches' studiert zu haben, nicht weiterkommt. Sie möchte im Hessischen Staatsarchiv arbeiten. Und dazu brauche ich Ihre Unterschrift für die Anfrage in Darmstadt." Damit schob Heinz den vorbereiteten Brief über den Schreibtisch.

Die Staatssekretärin las konzentriert. Mit gerunzelter Stirn blickte sie auf. „Müssen wir da einen Werkvertrag abschließen? Das kostet wieder Geld, das wir nicht haben!“, meinte sie zurückhaltend.

„Nein, nein“, erwiderte Heinz, „Frau Freber sagt, sie macht das gern, nicht nur aus alter Verbundenheit, sondern auch aus eigenem Interesse an der Sache. Und glauben Sie mir, Frau Staatssekretärin, wenn jemand Licht in die Angelegenheit bringen kann, dann ist das Frau Freber!“

„Das glaube ich gern. Sie hat auch für mich einmal eine Kartoffel aus dem Feuer geholt, obwohl der Hauptpersonalrat wie der Teufel hinter ihr her war! Also gut, versuchen wir es mit ihr.“ Damit unterschrieb die Staatssekretärin den Brief und schob ihn Heinz wieder zu.

„Halten Sie mich auf dem Laufenden in dieser Sache und grüßen Sie Frau Freber von mir.“

Damit war Heinz entlassen und ging in der Gewissheit zum Aufzug, einen Schritt zur Lösung des Problems getan zu haben. Er verabredete sich mit Heide im Café Gerster für die Mittagszeit, um ihr die Kopie der Anfrage um Arbeitsgenehmigung mit der Unterschrift der Staatssekretärin zu übergeben und wandte sich dann wieder und mit neuem Mut seinem Stapel unerledigter Post zu.

Wie nicht anders zu erwarten, hielt Heide wenige Tage später die Arbeitsgenehmigung für das Archiv in der Hand. Unterschrieben war sie von einem Dr. Karl Röder, Archivar. Schon am folgenden Tag machte sie sich auf den Weg nach Darmstadt, nachdem sie sich telefonisch angemeldet hatte. Der Weg in die Stadt war ihr noch aus Studientagen wohl bekannt, obwohl die erst nach ihrem Studium gebaute Unterführung im Stadtzentrum und die vielen neuen Gebäude der Technischen Universität ihr einige Umwege bescherten, bis sie ihr Auto im Parkhaus in der Nähe des Schlosses abstellen konnte.

Voller Tatendrang betrat sie die marmornen Hallen des Alten Schlosses und fragte sich zu Dr. Röder, dem Herrn im Staatsarchiv, mit dem sie verabredet war, durch.

Dr. Röder stellte sich als ein typischer Vertreter seiner Zunft heraus, groß, knochig, grau, mit dicken Brillengläsern und schütterem Haar. Aber Heide war sofort von seiner sonoren und volltönenden Stimme, die gar nicht zu dem schlaksigen Körper zu passen schien, und von seiner überaus gedrechselten und altmodischen Sprache gefesselt.

„So, so, gnädige Frau, Sie sind also die Dame, die es gelüstet, in die staubigen Tiefen unseres erhabenen Datenschatzes einzutauchen!", bemerkte er nach der Vorstellung. „Dann darf ich Sie also um Ihre geneigte Freundlichkeit bitten, mir in die heiligen und, in Ihrem Falle, weniger heiligen als verruchten Gefilde staatlicher Irrungen und Wirrungen zu folgen. Sie wollen also etwas über die Gesetzgebung von Adolf dem Rattenfänger in Bezug auf das auserwählte Volk und hier im Besonderen zur Gesetzgebung a) des Schulbesuchs dieser so unausstehlich schlecht behandelten Klasse als auch b) der Berufsausübung der Anwälte jener Rasse herausfinden. Für beide Bereiche lege ich Ihnen die Register römisch zwei (a) bis römisch siebzehn (s) ans Herz und gestatte mir, Sie mit dem Rat zu beglücken, Ihre Suche auf die Jahre 1933 bis 38 zu beschränken."

Sie hatten inzwischen mehrere Archivräume durchschritten, die mit endlos erscheinenden Reihen von Regalen bestückt waren, die vom Boden bis zur Decke reichten, beladen mit Ordnern und gebundenen Schriftenbänden. Nun standen sie in einem Raum, ebenfalls vollgepackt mit grauen Metallregalen, auf denen sich Meter um Meter viele tausend

Ordner drängten, hin und wieder unterbrochen von grauen Pappschachteln, alle gekennzeichnet mit einer altmodischen aber sauberen Kanzleischrift auf weißem Papieraufkleber.

Dr. Röder umfasste die ersten sechs Regale mit einer weit ausholenden Bewegung seiner knochigen Arme und sagte: „Hier, gnädige Frau, dürften sich die von Ihnen so sehnlichst erhofften Geheimnisse staatlicher Willkür entschlüsseln lassen. Nein, dieser Teil des Archivs ist noch nicht digitalisiert", fügte er nach einer kurzen Pause hinzu, als er sah, mit welch ungläubigem Staunen Heide die schier endlos scheinende Phalanx der Regale musterte.

Der Raum, gut zehn Meter lang, hatte an der Langseite, da wo der Durchgang in den nächsten Archivsaal entlangführte, eine Reihe von hohen Fenstern, die mit gelblichen Sonnenblenden verhängt waren, sodass nur spärliches Licht auf die im rechten Winkel angeordneten und mit schmalen Durchgängen voneinander getrennten Regalreihen fiel. In der Ecke neben der Eingangstür stand ein brauner, abgeschabter Tisch mit einer Leselampe darauf, davor ein einfacher Holzstuhl. Alles gemahnte Heide an die Ausstattung der Fünfzigerjahre.

Dr. Röder, der ihren Blick richtig zu deuten wusste, meine mit Bedauern: „Ja, ja, wir sind hier nicht mit den ach so zweifelhaften Schätzen moderner Zivilisation gesegnet, aber die Substanz, werte Dame, die Substanz hat es in sich und die Freude des Entdeckers wird Sie mit den frugalen Gegebenheiten Ihres Arbeitsplatzes auf das Trefflichste versöhnen!" Er wies sie noch darauf hin, dass sie die Pappschachteln vernachlässigen könnte, da Verordnungen, Erlasse und Gesetze in den gebundenen Ausgaben zu finden seien, bot sich an, wenn Fragen auftauchten, ihr zur Seite zu stehen, und entschwand.

Allein gelassen in dem Papiermeer nahm Heide den

durchdringenden Geruch von Staub und trockenem Papier wahr und sah Staubkörnchen in dem milchigen Licht der Leselampe flimmern. Entweder holt man sich hier ein Lungen- und ein Augenleiden oder man ist so schnell am Ziel, dass weder widerwärtiger Geruch noch Staub einem etwas anhaben können, dachte sie und breitete entschlossen ihren Schreibblock und ihre Stifte auf dem altersschwachen Tisch aus, um sich ans Werk zu machen.

Zu Heides großer Erleichterung war sowohl das RGBl (Reichsgesetzblatt) als auch die GG (Generalakten des Generalstaatsanwalts beim Oberlandesgericht Darmstadt) nach Jahrgängen gebunden und mit einem Schlagwortverzeichnis für das laufende Jahr versehen. Es war weit weniger aufwendig, die gewünschten Informationen zu erhalten, als sie vermutet hatte.

Vergnügt brachte sie eine Woche zwischen staubigen und vergilbten Akten zu, die vorsichtig behandelt werden mussten, weil das Papier teilweise so brüchig war, dass es einem in den Fingern zu zerbröseln drohte. Wie sie es sich in ihrem Berufsleben angewöhnt hatte, ging sie systematisch von den jüngsten Akten 1938 zu den älteren voran, immer die Querverweise zurückverfolgend. Oft las sie sich in einzelnen, heute so fremd und unmenschlich erscheinenden Einzelheiten fest. Hin und wieder musste sie mit dem Archivar Kaffee trinken, um Gelegenheit zu haben, ihn nach der Bedeutung einzelner, ihr unverständlich und schillernd erscheinender Termini zu befragen. Sie hatte sehr schnell herausgefunden, dass er sich nur ungern stören ließ, um eine einzelne Frage zu beantworten. Beschrieb man jedoch einen Sachverhalt bei einer Tasse Kaffee und ließ dann das bedeutungsschwere Wort fallen, konnte man stets sicher sein, dass er dieses Wort aufgriff und in einen Bedeutungszusammenhang setzte.

Während dieser Kaffeepausen ließ Dr. Röder immer einmal wieder eine Bemerkung fallen, wie schwer es war, das Land Hessen und im Speziellen den hessischen Justizminister davon zu überzeugen, den Etat für die Archivarbeit zu erhöhen. Er kämpfe seit mehr als zwanzig Jahren darum, endlich auch die Vorkriegs- und Kriegsakten digitalisieren zu lassen. Aber hörte ihm jemand zu? Nein, seine unzähligen Appelle verhallten im politischen Geplänkel. „Stellen Sie sich vor“, und plötzlich hatte seine Sprache die Geschraubtheit verloren, „seit Jahren schreibe ich einen Brief um den anderen, stelle eine Prognose nach der anderen auf, um die Effizienzsteigerung bei schnellerer Bearbeitungsdauer von Anfragen zu beweisen. Aber was geschieht? Nichts!“ Er rieb sich erschöpft die Augen. „Nicht einmal mein erbärmliches Gehalt wurde in den letzten Jahrzehnten erhöht und die Politiker, junge Spunde, stecken sich ihr fettes Salär in die Taschen!“

Heide hörte dem Ausbruch etwas befremdet, aber stumm zu. Wie oft hatte sie ähnliche Klagen schon gehört! Bei allem Verständnis für die aus seiner Sicht berechtigten Forderungen konnte sie sich des Eindrucks nicht erwehren, dass aus den Worten des zugegeben kenntnisreichen aber etwas skurrilen Bibliothekars nichts weiter als Neid sprach. Daher ließ sie sich von solchen Tiraden nicht ablenken und wühlte sich weiter durch die Aktenberge.

Da das Novemberwetter ihnen inzwischen frostige Nächte beschert hatte, war Heide froh, als sie ihre Untersuchungen abschließen konnte und nicht mehr in aller Herrgottsfrühe, also bei Nacht und Nebel und vereisten Straßen, nach Darmstadt kutschieren musste.

Ausgestattet mit den notwendigen Fakten zur Rechtslage

im Vorkriegsdeutschland breitete Heide nach der Archivwoche die Tagebuchaufzeichnungen der Bertha Mannheimer auf ihrem Esstisch aus, um die tragischen und frustrierenden Erlebnisse dieser jüdischen Familie aus Mainz weiterverfolgen zu können.

Aber zuerst mussten sie und ihre Katze etwas zu essen bekommen. Im Kühlschrank war nach der Woche außer Haus gähnende Leere. Auch das Regal, in dem die Katzenfutterdosen ihren Platz hatten, zeigte entschiedene Lücken. Heute war Samstag, Wochenmarkt. Das passte ja gut. Mit dem Auto würde sie allerdings wieder keinen Parkplatz finden und zu Fuß die Einkäufe schleppen war auch nicht unbedingt das Ziel ihrer Träume. Also gut, der Himmel war zwar grau, aber es regnete nicht. Das Thermometer zeigte 6° +, sie konnte, wenn sie sich warme Socken anzog und Handschuhe trug, gut mit dem Rad fahren.

Gesagt, getan. Sie radelte hinunter in die Stadt, stellte das Fahrrad hinter dem Theater in einen Fahrradständer, den die Stadt dankenswerterweise kürzlich angebracht hatte, und ging hinüber zum Markt. Wie immer, wenn sie an Markttagen über den Domplatz lief, war sie von dem bunten Anblick der Stände und Buden und dem lebendigen Treiben der Käufer und Schaulustigen entzückt. Sorgfältig gestapelte Gemüseberge, sauber gewaschen, wurden von den Bauern der Umgebung lauthals feilgeboten. Da gab es gelbe Kartoffeln, weißes Lauchgemüse, orangerote Karotten, zartgrüne Kohlrabi, rotblaue Kohlköpfe und viel grüne Bündel von Gewürzkräutern. Da gab es Obststände mit rotbackigen Äpfeln, dunkelblauen Pflaumen und goldgelben Birnen. Daneben leuchteten Blumenstände mit farbenfrohen Asternsträußen, goldenen Sonnenbällen und den letzten Gladiolen des Jahres. Ein Fest für das Auge!

Schnell hatte Heide bei ihrer Lieblingsbäuerin Gemüse und Obst gekauft, in der Käsebude des Griechen nebenan erstand sie Ziegenkäse und Cheddar, Butter und Quark. In der Bäckerei, weiter oben in der Lu, holte sie noch ihre Wochenration an Brot und Brötchen, schleppte die vollen Taschen hinüber zum Samen-Kämpf, wo sie ihren Katzenfutterbedarf deckte, verstaute alles auf dem Fahrrad und strampelte zufrieden nach Hause. Semiramis erwartete sie bereits sehnlichst hinter der Tür und machte sich sofort über ihr Lieblingsessen, Kaninchenfleisch und Reis, her.

Als Heide sich nach dem Essen, welches sie etwas stillos aber praktisch an ihrem kleinen Küchentisch gegessen hatte, wieder an den Esstisch setzte, den sie auch als Arbeitstisch verwendete, musste sie sich erst wieder in ihre Zusammenfassung der Ereignisse um die Familie Mannheimer und ihre Aufzeichnungen aus dem Staatsarchiv einlesen, um ihre Arbeit fortsetzen zu können.

IV.

Böse Erinnerungen und ein Hinweis

Für die Eltern Mannheimer war wohl bereits bei oder kurz nach der „Machtübernahme" von Hitler im März 1933 klar, dass ihre Kinder in Deutschland keine Zukunft haben würden. Einer der Gründe dafür mag das Gesetz gegen die Überfüllung deutscher Schulen und Hochschulen vom 25.4.1933 gewesen sein, welches festlegte, dass der Nicht-Arieranteil an deutschen Schulen nicht mehr als 1,5 % der Gesamtschülerzahl ausmachen dürfe. Wenn man bedenkt, dass die Höhere Mädchenschule, die Bertha besuchte, 1933 circa 700 Mädchen unterrichtete, von denen 79, also circa 11,4 %, israelischen Glaubens waren, so wird offensichtlich, dass ein nicht unerheblicher Teil der jüdischen Mädchen die Schule auf die eine oder andere Weise würde verlassen müssen.

Als dann noch im Spätsommer 1935, kurz vor der Veröffentlichung der „Nürnberger Gesetze“, das Gesetz gegen die Überfüllung deutscher Schulen durch einen Erlass über die Errichtung gesonderter jüdischer Schulen bekräftigt, ja verschärft wurde, weil gedeihliche Erziehungsarbeit nur ausgeführt werden könne, so der Gesetzestext, wenn arische Kinder nicht durch die herabwürdigenden Einflüsse jüdischer Kinder behindert würden, stand wohl für Berthas und Leos Eltern die Entscheidung fest, dass zumindest die Kinder Deutschland hinter sich lassen mussten.

Außerdem erschienen zur gleichen Zeit Hetzartikel im Mainzer Anzeiger über die Bösartigkeit der Juden, und welche Gefährdung von ihnen ausging. Viele Geschäfte hatten inzwischen das Schild „Juden unerwünscht“ aufgestellt, selbst die Badeanstalt Watrin, die die Familie seit vielen Jahren besuchte, hatte so ein Schild! Zur gleichen Zeit nahmen die Aufrufe für die Protestveranstaltung gegen die Juden am 3.9.1935 an Lautstärke und Schärfe zu. Dies alles muss die Eltern Mannheimer bewogen haben, die Kinder ins sichere Ausland zu schicken.

Der Vater hatte zusammen mit seinem Schwager Heinrich Cohn eine gutgehende Anwaltskanzlei in der Kaiserstraße. Als im April 33 der Erlass des hessischen Justizministers in Kraft trat, nach dem nur noch so viele Anwälte, wie sie prozentual der jüdischen Bevölkerung entsprachen, bei Gericht zugelassen werden sollten, muss es in der Familie Mannheimer eine heftige Auseinandersetzung gegeben haben, wer von den beiden Anwälten der Kanzlei die Gerichtstermine wahrnehmen würde. Bertha schrieb nämlich von den „bösen Wochen, in denen Onkel Heinrich nicht mehr mit Papa sprach".

Die Spannungen zwischen den beiden Schwagern kamen allerdings schnell zu einem Ende, als Onkel Heinrich ein Unterkommen in der jüdischen Bücherei fand, in der er schon vorher ehrenamtlich tätig gewesen war.

Bertha berichtete nichts über ein Berufsverbot des Vaters in ihrem Tagebuch, was vermuten lässt, dass Leo Mannheimer seine Kanzlei zumindest bis Herbst 1935 weiterführte. Sie ahnte oder wusste allerdings von den Plänen der Eltern, falls der Vater seinen Beruf nicht mehr würde ausüben können, über Frankreich nach Amerika auszuwandern.

Das Kind Bertha konnte nichts über die fatale Lage wissen, in der sich die jüdischen Anwälte ab Frühjahr 1933 befanden. Wahrscheinlich wurde dieses Thema in der Familie nicht diskutiert, weil die Kinder nicht noch größerer Belastung ausgesetzt werden sollten, als sie es durch die täglichen Einschränkungen, die sie ja selbst erfuhren, ohnedies schon wurden.

Mit dem Gesetz über die Zulassung der Rechtsanwaltschaft vom 10.4.1933 wurde den jüdischen Anwälten bis zum 30.9.33 die Zulassung aberkannt. Ausnahmen waren diejenigen Anwälte, die ihre Zulassung vor dem 1. August 1914 erhalten oder als Frontkämpfer des Krieges gedient hatten oder deren Väter oder Söhne in jenem Krieg gefallen waren. Berthas Vater schien zu keiner der genannten Gruppen zu gehören. Trotzdem hatte er aller Wahrscheinlichkeit nach 1935 noch seine Kanzlei. Dieser Frage wollte Heide auf jeden Fall nachgehen. Denn spätestens 1938 war

Schluss, wie ihr der Erlass des Reichsjustizministers vom 17. Oktober 1938 offenbarte. Mit ihm erhielten alle nichtarischen Anwälte Berufsverbot und ihre Zulassungen in den Anwaltslisten wurden gelöscht.

Briefe von den Eltern wurden in Berthas Tagebuch zwar erwähnt, ihr Inhalt jedoch nicht oder nur beiläufig wiedererzählt. Es schien so zu sein, dass der Vater, nachdem er seine Kanzlei hatte aufgeben müssen – von Verkauf war, wahrscheinlich aus Angst vor Repressalien, nichts erwähnt – eine untergeordnete Anstellung in der jüdischen Gemeinde erhalten hatte, die die Familie mehr schlecht als recht über Wasser hielt.

Die wenigen Briefe von Onkel Heinrich, die immer an dessen Schwester Rosa gerichtet waren, gaben, wenn auch mehr zwischen als auf den Zeilen, Aufschluss über die Lebensverhältnisse in Mainz unter national-sozialistischem Regime.

Im März 1936 schrieb der Onkel, dass die Familien Mannheimer und Cohn eine hübsche, kleine Zwei-Zimmer-Wohnung im Altersheim in der Gonsenheimer Straße, der heutigen Fritz-Kohl-Straße, gefunden hätten. Ihre Wohnungen in der Lotharstraße, in der Bertha groß geworden war, und die in der Ernst-Ludwigstraße, in der Heinrich gewohnt hatte, hätten sie aufgegeben. Ihre Mutter, die bereits 1935 in dem Altersheim wohnte, hätte sich über ihren Umzug sehr gefreut.

Bertha berichtete in ihrem Tagebuch, dass die Tante sehr geweint habe, als sie dies las. Das Kind konnte jedoch nicht sagen, ob sie die Aufgabe der bequemen und großen Wohnungen betrauerte oder ob es sich um Freudentränen gehandelt habe, weil nun die zwei Kinder, Heinrich, ihr ältester Bruder, und Rina, ihre zwei Jahre ältere Schwester, nah bei der Mutter wohnten.

Im Herbst des gleichen Jahres teilte Onkel Heinrich mit, dass Dr. Levi die Schulleitung der Bezirksschule abgegeben habe und sich nun sehr viel intensiver um Gemeinde und Bücherei kümmern könne. Er schrieb: „Stell Dir vor, die Leitung der Schule hat Eugen Mannheimer übernommen, ein Vetter zweiten Grades von Berthas Vater!" Bertha selbst schien diesen Onkel nicht zu kennen, jedenfalls erwähnte sie ihn nicht weiter.

Das nächste erhaltene Schreiben von Heinrich Cohn, datiert vom 12. Juni 1938, erzählte sehr lebendig von einem Abend im Kirschgarten mit seinem alten Freund, dem Domkapitular, und dessen „Halbbruder" von St. Johannis. Sie hätten darüber gealbert, wie die drei Religionen miteinander auskämen, so wie Lessing dies in seinem Drama „Nathan der Weise" dargestellt hatte. Ja, schrieb er, die alten Freundschaften hielten. Dies könne man auch daran ablesen, dass Berthas Freundin Gertrud den Vater abgeholt habe und Bertha herzlich grüßen lasse. Gertrud sei mit ihren fünfzehn Jahren inzwischen eine richtige junge Dame geworden. Aber es gäbe auch weniger erfreuliche Nachrichten. Er zitierte aus einem Zeitungsartikel des Mainzer Anzeigers vom 10. Juni 1938, in dem es hieß: „Erneut kam es im Weinhaus Bluhm zu einer Messerstecherei, als gestern Abend drei Judenbengel gewaltsam Einlass in das Lokal erzwingen wollten. Nur dem beherzten Eingreifen des Wirtes ist es zu verdanken, dass kein Gast ernstlich verletzt wurde. Die drei Jugendlichen wurden in Gewahrsam genommen, einer starb auf dem Transport." Heinrich schrieb dazu, dass der Tote ein Schulkamerad von Leo, Berthas Bruder, gewesen sei.

Dann erwähnte er noch, wie sie sich im Augenblick einschränken müssten, weil alles so teuer geworden sei. Heide entnahm diesem Hinweis, dass die Mannheimers und Heinrich Cohn von der Anmeldeverpflichtung des Vermögens und deren Folgen betroffen waren. Durch ihr Aktenstudium wusste sie, dass am 26.4.1938 eine Verordnung rechtskräftig geworden war, die jeden Juden zwang, seine in- und ausländischen Vermögenswerte anzumelden, die dann vom, wie es in dieser Verordnung hieß, „Beauftragten für den Vierteljahresplan" ganz oder teilweise eingezogen werden konnten, um sie „im Einklang mit den Belangen der deutschen Wirtschaft sicherzustellen".

Im Herbst 1938 berichtete Onkel Heinrich von dem Jubel und der Begeisterung der Mainzer, als Hitler bei seinem Besuch im Oktober im offenen Wagen durch die Große Bleiche gefahren sei. Die ganze Stadt sei geschmückt gewesen und ein Meer von roten Fahnen hätte ein herrliches Bild abgegeben. Am selben Tag, an dem Tante Rosa diesen Brief erhielt, schrieb Bertha in ihr Tagebuch, dass die Medien voll seien vom brennenden Deutschland. In riesigen Lettern würden die Zeitungen die Brandanschläge auf Synagogen und andere jüdische Einrichtungen verkünden. Die Radiomeldungen, vorgetragen in einer unheilschwangeren Grabesstimme, würden von Überfällen, Mordanschlägen, Brandstiftung und Massenverhaftungen berichten. Aus den Zeilen des jungen Mädchens war die entsetzliche Angst, die sie um ihre Eltern und den Bruder hatte, förmlich mit Händen zu greifen.

Der letzte Brief von Heinrich, vom 2. Dezember 1938, den Heide in Händen hielt, war wohl der aufschlussreichste, was den weiteren Verbleib der Familie in Deutschland betraf. Zuerst berichtete der Onkel von dem schrecklichen Brand, der die gesamte Inneneinrichtung der Synagoge in der Hindenburgstraße und der Bezirksschule mit Sekretariat und allen Akten vernichtet habe. Er und Berthas Vater, der durch die Fügung des Herrn gegenwärtig gewesen sei, hätten einen Großteil der Bücherei retten können, bevor die Flammen auch in diesem Flügel übergreifen konnten. Besonders erfreut sei er gewesen, dass die damals noch unter Professor Salfeld angelegte Stahlkammer mit den ältesten Büchern der Bibliothek dem Feuer so lange widerstanden habe, bis er mit Leos und Dr. Levis Hilfe die Bücher retten konnte. Die Thorarolle sei freilich ein Opfer der Flammen geworden. Aber Dr. Levi habe zu trösten versucht und gesagt, die Rettung der alten, heiligen Bücher sei eine Fügung Gottes, die den Verlust alles anderen erträglich erscheinen ließe.

Das war die Geschichte der Bertha Mannheimer, soweit Heide sie aus den ihr zugänglichen Unterlagen rekonstruieren konnte. Als Fazit der Aufzeichnungen und Briefe konnte Heide folgende Fakten zusammenfassen:

1. Die Großeltern von Regina Miller, geborene Grün, Rina und Leo Mannheimer, lebten wahrscheinlich in bitterer Armut und sehr beengten Verhältnissen am 2. Dezember 1938 im Altersheim in der Fritz-Kohl-Straße. Leo hatte zu der Zeit seine Kanzlei bereits verloren und bekleidete einen, wahrscheinlich ziemlich untergeordneten, Posten in der jüdischen Gemeinde.

2. Ihr Großonkel Heinrich Cohn lebte zu der Zeit ebenfalls dort unter den gleichen Verhältnissen. Er war seit 1935 in der jüdischen Bibliothek beschäftigt. Die wertvollsten Bücher aus der Jüdischen Bibliothek, die aus der brennenden Synagoge gerettet worden waren, hatte er bei sich oder wusste, wo sie sonst aufgehoben waren.

3. Dr. Sali Levi, 1938 Rabbiner der Gemeinde und Leiter der Bibliothek, hielt einige dieser Bücher für äußerst wichtig für die Gemeinde, wenn nicht sogar so wichtig wie die Thorarollen selbst.

4. Leo, der Onkel von Frau Miller, der Bruder ihrer Mutter, wird im Dezember 38 noch in Mainz gewesen sein. Jedenfalls berichtete Bertha in ihrem Tagebuch, dass er sich im April 39 Richtung Frankreich aufgemacht habe.

5. Folgende Personen, die mit der Familie in Verbindung standen, sind bekannt:

a) ein Domkapitular ohne Namen, Freund von Heinrich,

b) der Küster von St. Johannis, ebenfalls namenlos und Freund von Heinrich,

c) Gertrud, die Tochter des Küsters von St. Johannis und Berthas Freundin, wahrscheinlich wie Bertha Jahrgang 1922,

d) die Eigentümer der Badeanstalt Watrin.

Alles in allem eine eher magere Ausbeute, musste Heide eingestehen. Mit amtlichen Quellen würde sie jetzt nicht weiterkommen. Der nächste Weg musste sie ins Stadtarchiv und dann in die jüdische Gemeinde von Mainz führen, um in deren Bibliothek Spuren von den Verwandten von Frau Miller zu finden. Aber zuerst wollte sie Heinz eine Zwischennachricht zukommen lassen, damit er wusste, wie weit ihre Untersuchungen bislang gediehen seien.

Sie schrieb Heinz eine E-Mail und verabredete sich für den kommenden Freitag nach dem Dienst erneut im Café Gerster.

Inzwischen war der Dezember ins Land gezogen und das Wetter war nach wie vor unwirtlich grau und nasskalt. Das Thermometer schien auf 3° + eingeschworen zu sein. Als Heide über die Schillerstraße zum Osteiner Hof ging, schenkte sie den Würstchenbuden, die in schmutzigen Schneeresten standen, nur einen verachtungsvollen Blick. Dann wandte sie sich der Lu zu, die im nieseligen Grau spärlich von den vorweihnachtlichen Lichterketten erhellt war. Menschentrauben drängten sich um die Buden, aßen, tranken und unterhielten sich. Heide ließ das Weihnachtsmarktgetümmel kalt. Sie bog hinter Karstadt zur Johanniskirche ab. Plötzlich hielt sie inne! Was mache ich da denn, ich gedankenlose Nachtmütze, dachte sie, innerlich über sich selbst lachend. Aus alter Gewohnheit hatte sie ihr Schritt wieder zur Johanniskirche gezogen, weil sie in Gedanken über den merkwürdigen Zufall gegrübelt hatte, wie sich Berthas Leben mit ihrem eigenen an dieser Kirche verband. War doch die treue Freundin von Bertha die Tochter des Küsters von St. Johannis.

Na ja, dann konnte sie auch gleich noch mal an der Kirche vorbeigehen und nachsehen, ob vielleicht die Arbeiten zur Innenrenovierung endlich beginnen würden. Mit einem schnellen Blick auf die Uhr vergewisserte sie sich, dass sie noch eine viertel Stunde Zeit hatte bis zu ihrem Treffen mit Heinz.

Sie ging am Pfarrhaus vorbei mit dem flüchtigen Gedanken, dass hier während der NS-Zeit eine Dienststelle der Partei eingerichtet war, und freute sich dann über die hochaufragende gotische Fensterfront des Westchors der Kirche. Aber der erfreuliche Anblick war abermals gestört. Wieder zogen schwarze, fette Krähen um das Gebäude. Ein ausnehmend hässliches Exemplar ließ sich auf der Berberitze nieder und stieß sein krächzendes und drohendes Geschimpfe aus, als sie am Pfarrgarten vorbeiging.

Aus dem Pfarrgarten winkte ihr der Hausmeister von St. Johannis, Herr Jakob, fröhlich zu, der gerade den Plattenweg zum Gemeindehaus von Eisresten befreite. „Na, Frau Freber, mal wieder auf der Wanderschaft?“, rief er ihr zu, während sein großer, freundlicher Hund schwanzwedelnd zum Gartentor kam.

„Ja, ja", antwortete sie. „Wir Rentner müssen eben auch bei Schmuddelwetter etwas für unsere Gesundheit tun!" Während Jakob weiter die Platten abkratzte, sagte er: „Vorne lasse ich das Eis. Es treibt sich schon wieder eine Menge Gesindel in der Stadt herum und jetzt, wenn Weihnachtsmarkt ist, ist es ganz schlimm! Erst gestern musste ich einen Obdachlosen abholen lassen, der sich so abgefüllt hatte, dass man fürchten musste, er würde die Nacht nicht überstehen!"

„Das war sehr umsichtig von Ihnen. Frau Ritter hat mir schon erzählt, dass die Bänke auf unserem Kirchenvorplatz abgelehnt wurden, weil die Sorge bestand, dass sie Absteige für Gesindel werden würden. Für mich ist das kein Grund, den Platz ohne Bank zu lassen. Die Krähen", und damit zeigte sie in den Himmel, „ärgern mich viel mehr! Wissen Sie, wo die herkommen? Ich sehe sie schon eine ganze Weile! Die nisten doch nicht etwa bei uns?"

„Nein, mein Branko", und dabei tätschelte er dem Hund liebevoll die Flanke, „und ich, wir haben sie bis jetzt erfolgreich daran gehindert, nicht wahr, Branko? Drüben im bischöflichen Anwesen haben sie ein paar Bäume gefällt. Ich glaube, da hatten die Viecher ihre Nester. Jetzt suchen sie sich wohl etwas Neues. Warum die unter Artenschutz stehen, wissen die Götter. Neulich las ich in der Zeitung, dass sie unten am Rhein Angriffsflüge auf Passanten durchgeführt haben. Ganz schön unheimlich. Man denkt dabei sofort an Hitchcocks ‚Die Vögel', nicht wahr?"

„Ja, ich finde sie auch höchst überflüssig. Besonders hier! Krähengekreisch und St. Johannis passen einfach nicht zusammen! Aber ich muss mich beeilen, ich bin verabredet. Tschüss, Herr Jakob und tschüss Branko", rief sie und setzte ihren Weg fort.

„Wiedersehen, Frau Freber, ach und übrigens, die Bauarbeiten innen beginnen endlich! Machen Sie's gut."

Auf dem kleinen Kirchenvorplatz, Ecke Johannisstraße/Schöfferstraße stand tatsächlich ein verwaister Bauwagen! Also fangen sie jetzt doch an, frohlockte Heide innerlich. Zwar noch ohne Arbeiter, schließlich ist es Freitagnachmittag, die ersten zögerlichen Schritte sind jedoch gemacht! Zufrieden mit dieser Erkenntnis eilte Heide durch die Menschenmenge, drängte sich durch die Budengasse des Weihnachtsmarktes und verschloss die Augen vor dem überflüssigen aber hübsch anzusehenden Weihnachtstand und die Nase vor dem durchdringenden aber verlockenden Duft von Glühwein, gebrannten Mandeln und Bratwürstchen.

Zur vereinbarten Stunde kam sie im Café Gerster an, wo Heinz bereits auf sie wartete. „Ich habe leider nur eine Minute Zeit", sagte er. „Für eine schnelle Tasse Kaffee reicht es, aber dann muss ich los. Die übliche vorweihnachtliche Hektik ist wieder ausgebrochen. Du weißt ja, immer vor Weihnachten muss noch alles Mögliche fertiggemacht werden!"

„Und ich habe mich auf einen gemütlichen Plausch mit dir gefreut und vielleicht auf einen Bummel über den Weihnachtsmarkt. Ich dachte, du hättest Dienstschluss", klagte Heide ein bisschen enttäuscht.

„Nein, nein, ich muss zurück. Bin auch nur gekommen, weil ich dich zu Hause nicht mehr erreicht habe. Was gibt's denn? Aber mach's kurz, ja? Ich muss wirklich gleich wieder los."

Heide fasste zusammen, was sie inzwischen herausbekommen hatte, sah aber am enttäuschten Gesichtsausdruck von Heinz, dass er mehr erwartet hatte.

„Na ja", grinste er dann und kippte seinen Kaffeerest hinunter, „das wusste ich eigentlich schon. Jedenfalls mehr oder weniger. Aber sei nicht traurig, es ist durch dich in eine vorzeigbare und stichhaltig untermauerte Fassung gebracht worden. Danke. Kann ich die Zusammenfassung vielleicht auch schriftlich bekommen? Wenn das nicht zu viel verlangt ist!", setzte er etwas schuldbewusst hinzu.

„Hier", sagte Heide und überreichte ihm die Seite, auf der sie die wichtigsten Fakten zusammengestellt hatte, „ist bereits geschehen!"

„Wunderbar", bedankte sich Heinz. „Und wie willst du jetzt weitermachen?"

„Ich werde in der nächsten Woche einen Termin sowohl im Stadtarchiv als auch in der Bücherei in der neuen Synagoge vereinbaren. Mal sehen, ob ich da mehr herausbringe!"

„Prima, Heide. Halte mich bitte auf dem Laufenden. Aber jetzt muss ich mich wirklich auf die Socken machen. Ach, übrigens", unterbrach er sich selbst: „Ich soll dir auch noch einen schönen Gruß von der Staatssekretärin ausrichten. Sie findet es toll, dass du das für uns machst! Aber jetzt endgültig Tschüss. Ich habe noch ein gehöriges Quantum abzuarbeiten, bevor ich nach Hause komme. Und noch kein einziges Weihnachtsgeschenk! Britta wird mal wieder nörgeln, weil alles an ihr hängen bleibt. Und recht hat sie! Also dann, danke und mach's gut."

Mit diesen Worten warf er sich seinen Mantel über, steckte das Blatt mit Heides Zusammenfassung in die Brusttasche und entschwand. Heide rief ihm noch nach: „Die Innenrenovierung von St. Johannis beginnt! Der Bauwagen steht schon da!"

„Gut, gut", grinste er von der Tür und weg war er.

Heide gönnte sich noch eine Tasse Kaffee, schwätzte einen Moment mit der Wirtin und machte sich dann wieder auf den Heimweg.

Am Mittwoch der nächsten Woche, eineinhalb Wochen vor Weihnachten, machte sich Heide auf den Weg zur jüdischen Bibliothek. In der Hindenburgstraße blieb sie, wie schon so oft, bewundernd vor der dunkelgrün schimmernden Kachelfassade der Synagoge stehen, die ihre vieleckigen Zacken trutzig in den grauen Himmel reckte.

Eine ältere Dame geleitete sie in die Bücherei und hörte sich ihr Anliegen, die Suche nach Aufzeichnungen aus den Dreißiger- und Vierzigerjahren des vorigen Jahrhunderts, aufmerksam an. Dann zeigte sie ihr eine Reihe von Büchern und Aufsätzen, in denen Heide möglicherweise Aufschluss über das Geschehen in der Stadt und den Verbleib der Menschen, für die sie sich interessierte, finden könnte. Sie wies freilich auch darauf hin, dass 1933 ca. 2600 Juden in Mainz gelebt hätten, im Frühjahr 1939 noch ca. 1400 und nach dem Krieg noch 62. Da es zwischen 1939 und 42 sehr schwer für Juden war, Deutschland zu verlassen, und nach 42 landesweit verboten, dürften die meisten der 1400 Mainzer Juden verschleppt und in den Konzentrationslagern gestorben sein.

Trotz dieser erschütternden Zahlen machte sich Heide an die schier aussichtslos scheinende Arbeit. Zuerst befasste sie sich mit der Volkszählung vom 16. Juni 1933, aus der hervorging, dass im Stadtgebiet von Mainz 2609 Bürger der jüdischen Gemeinde zugerechnet wurden. Das wusste sie ja schon. Trotzdem stöberte sie weiter. Sie las sich durch offizielle Schriftstücke, durch Zeitungsartikel, Tagebucheinträge, Briefe, Deportationslisten, Anweisungen und diverse Aufsätze.

Scham und Widerwillen ließen sie oft innehalten. Aber die Faszination einer minutiös geplanten und durchgeführten Verfolgung der Familien, der mit menschenverachtender

Deutlichkeit formulierte Wille, eine gesamte Bevölkerungsgruppe auszurotten, ließen sie immer weiterlesen. Zwar hatte sie von diesen widersinnigen Ereignissen ihr ganzes Leben lang gewusst, aber es hier in seiner brutalen Härte und Grausamkeit, konzentriert auf ein kleines Stückchen Deutschland, ausgebreitet zu finden, füllte sie mit tiefer Abscheu und grenzenlosem Grauen. Trotzdem arbeitete sie weiter und wurde schließlich fündig.

Das Ergebnis ihrer Suche ließ sich auf wenige Zeilen reduzieren:

Dr. Eugen Mannheimer, der Vetter Leo Mannheimers und Leiter der Bezirksschule, brachte sich und seine Frau am 10.11.1938, einen Tag nach der sogenannten Reichskristallnacht, um.

Dr. Sali Levi, Rabbiner der Mainzer Jüdischen Gemeinde und Heinrich Cohns Chef, wartete auf sein Ausreisevisum in Berlin und starb dort am 26.4.1941.

Leo und Rina Mannheimer, Berthas Eltern, wurden am 20. März 1942 zusammen mit tausend Leidensgenossen aus Hessen deportiert. Das Deportationsziel war Piaski-Lublin. Sie fanden in einem der Vernichtungslager im Osten den gewaltsamen Tod.

Der Onkel von Bertha, Heinrich Cohn, wurde noch bis Dezember 1939 als Bibliothekar der jüdischen Bücherei geführt. Die entsprechenden Personalakten von 1940 bis Kriegsende fehlen.

Auch in anderen erhaltenen Unterlagen konnte Heide keine Hinweise auf den Verbleib von Heinrich Cohn finden. Sie hatte noch eine Mappe mit Briefen aus den Lagern Theresienstadt und Piaski an den damaligen von der Gestapo zwangsweise eingesetzten Verbindungsmann der rheinhessischen Juden in Mainz vor sich liegen. Die wollte sie mit frischen Kräften am nächsten Tag durcharbeiten. Nach sechs geschlagenen Stunden grausigen Aktenstudiums hatte sie genug für einen Tag. Trost fand sie nach diesem schrecklichen, aber dennoch für ihre Suche erfolgreichen Tag zu Hause bei einem Glas Wein und ihrer Katze Semiramis.

Am nächsten Tag hatte sie tatsächlich noch einmal Erfolg! In einem der Briefe von einem Max Schernow las sie den Satz: „Ich hoffe, die Bücher und H.C. sind gut in der Kirche angekommen." H.C.? Sollte das für Heinrich Cohn stehen? Konnte sich diese Andeutung auf die aus der brennenden Synagoge geretteten Bücher beziehen? Und welche Kirche war gemeint? Der Brief war mit dem Datum vom 16. Juni 1942 in Theresienstadt geschrieben. Ging Heide davon aus, dass tatsächlich Heinrich Cohn gemeint war, so musste es sich um die wertvollen Bücher handeln, die er aus der brennenden Synagoge gerettet hatte. Jene Bücher, die Levi so hoch einschätzte, dass er darüber den Verlust der Thorarollen verschmerzt hatte. In den Briefen Heinrich Cohns an die Schwester gab es Hinweise auf zwei Kirchen, auf den Dom und auf St. Johannis. Zuerst wollte sie es bei St. Johannis versuchen, weil sie da die Spur des Küsters und seiner Tochter Gertrud in den Vierzigerjahren aufnehmen konnte.

Und wieder hatte sie Glück! Nachdem die Pfarrerin von St. Johannis die Verbindung geknüpft hatte, stellte ihr eine freundliche Sekretärin aus dem Dekanat die entsprechenden Kirchenbücher zur Verfügung. Und tatsächlich: Von 1934 bis zur Zerstörung der Kirche am 22.8.1942 war ein gewisser Thomas Sacher Küster von St. Johannis gewesen. Aus dem Adressbuch der Stadt Mainz aus dem Jahr 1934, das sie im Mainzer Stadtarchiv mithilfe einer jungen Frau einsah, entnahm sie, dass Sacher damals mit seiner Familie, Frau Anna und Tochter Gertrud, in der Templergasse wohnte.

Die junge Archivarin erzählte Heide, dass sie nur zwei Tage pro Woche im Stadtarchiv zubringe. Eigentlich sei sie Studentin der Buchwissenschaft an der Uni Mainz und gerade dabei, ihre Dissertation zu schreiben. Heide, die nur mit halbem Ohr zuhörte, weil sie in den Unterlagen von 1934 blätterte, fragte dennoch, womit sich denn die Dissertation beschäftige. „Ich forsche über das jüdische Mainz des Mittelalters. Deswegen bin ich ja so froh über diesen Job hier. Eigentlich bin ich nämlich noch gar keine Archivarin, sondern nur Bibliothekarin. Erst nach einem Berufsjahr in der Stadtbibliothek ist mir nämlich klar geworden, dass mir die Arbeit dort zu langweilig ist. Aber hier im Stadtarchiv habe ich ein viel spannenderes Arbeitsfeld." Sie plauderten noch eine Weile über ihr gemeinsames Interesse an alten Büchern und an der jüdischen Geschichte, bis es Heide gelang, auf ihr eigentliches Anliegen zurückzukommen, nämlich den Verbleib der Familie Sacher aufzuspüren. Mit Hilfe einer hervorragend sortierten Datei Mainzer Bürger gelang es den beiden dann sehr schnell, das Schicksal der Familie herauszufinden.

Thomas Sacher fiel am 16.1.1943 in Russland, seine Tochter Gertrud, die während des Krieges Rotkreuz-Helferin war, wurde bei einem Luftangriff im Sommer 1944 in Berlin verschüttet und fand den Tod. Anna Sacher starb am 14.2.1967 in Mainz.

Damit war für Heide das Kapitel Regina Miller, geborene Grün, aus Amerika beendet. Sie nahm sich vor, einen detaillierten Bericht über Weihnachten zu schreiben und ihn dann nach den Feiertagen ihrem Freund Heinz zu übergeben. Falls sie Zeit und Lust haben würde, wollte sie ganz privat noch weitere Nachforschungen anstellen. Eventuell bei noch lebenden Freunden und Bekannten der Familie Sacher und möglicherweise bei den Nachkommen der Watrins, die, wie sie selbst bestätigen konnte, noch bis in die Siebzigerjahre des 20. Jahrhunderts einen Saunabetrieb im alten Hafen unterhalten hatten. Auch den mysteriösen Domkapitular konnte man vielleicht noch aufspüren. Aber für einen Bericht als Unterstützung für die Arbeit von Heinz hielt sie diese Nachforschungen nicht für wichtig, waren doch die Vorfahren der Regina Miller alle tot und die wesentliche Frage der Frau beantwortet.

V.

Nach den Feiertagen

Wie es Heinz während der Feiertage ergangen war, hatte Heide erst am Vormittag erfahren, als er sie anrief, um sie an ihre Verabredung vor der Kirche zu erinnern – Heide in ihrem Badewasser liegend, schien es Lichtjahre her zu sein!

Der Trubel und die fröhliche Hektik der Feiertage waren vorbei, die Weihnachtsgeschenke hatten gepasst, die Familienbesuche waren absolviert, die Festessen hatten kaum Spuren um die Taille hinterlassen, die Silvesterknaller hatten Spaß und keine Schäden verursacht. Trotzdem war Heinz beinahe froh, nach Neujahr wieder seinen Dienst anzutreten und die behagliche Betriebsamkeit des Ministeriums um sich zu spüren. Freilich hatte der Wettergott dieses Mal ein weißes Weihnachten beschert und das Rumgetobe mit den Kindern im Schnee hatten ihm nach dem vorweihnachtlichen Bürostress und den aufregenden, aber erfolgreichen Festlichkeiten Spaß gemacht. Es hatte nur einen kritischen Moment gegeben: als er Britta sein Weihnachtsgeschenk überreichte, von dem er nicht wusste, wie sie es aufnehmen würde. Aber es war gut gegangen. Britta hatte sich über sein Attentat, wie er es insgeheim nannte, nämlich eine Abenteuerreise quer durch Argentinien für den folgenden Sommer, gefreut. Sie beide würden also im September die Kinder für vier Wochen bei der Großmutter abgeben und dreißig Tage durch die wilde Bergwelt des südamerikanischen Kontinents ziehen. So war er mit sich und der Welt zufrieden, als er am Dienstag nach Neujahr seinen Dienst wieder antrat.

Nur eines nagte an ihm: die unerledigten Absprachen mit Heide Freber. Weder hatte er sich weiter mit der unbeantworteten Anfrage der Amerikanerin, Regina Miller, befasst, noch hatte er Heides Manuskript gründlich durchgearbeitet. Zwar hatte er die ersten zwei vorliegenden Kapitel gelesen, fand sie auch nicht schlecht, aber eine begründete Beurteilung konnte und wollte er erst nach intensiver Befassung mit dem Manuskript abgeben.

So blätterte er sofort nach seiner Ankunft im Büro und nach Begrüßung der Kollegen seinen Stapel eingegangener Post durch, um zu sichten, ob er das Manuskript vorziehen und schleunigst bearbeiten könne. Vor allem deswegen, weil ein Briefumschlag in dem Stoß von Heide kam.

Die sauber zusammengehefteten Seiten zog er zuerst aus dem Umschlag, überflog sie und fand die Lösung seines ersten Problems, des Antwortschreibens nach Amerika. Er würde Heides Recherchearbeit fast wortwörtlich übernehmen können. Gute alte Heide, dachte er dankbar, und ich bin so wenig zuverlässig, dass ich noch nicht einmal diese kleine Arbeit der Beurteilung von knapp zwanzig Seiten fertiggebracht habe! Asche auf mein Haupt! Aber jetzt mache ich es ganz bestimmt!

Aber als er in die Schublade griff, in der er das Manuskript verwahrt hatte, läutete das Telefon einmal kurz. Das Ministerbüro! Kein Anruf von außen, sondern die „Stimme seines Herrn“! Er griff nach dem Hörer, während er fieberhaft überlegte, ob er sich eine Unterlassungssünde hatte zu Schulden kommen lassen.

Am anderen Ende der Leitung meldete sich die Staatssekretärin. „Na, Herr Küster, gut erholt?“ Bevor er eine Antwort äußern konnte, fuhr sie fort: „Bei mir liegt ein neues Schreiben von dieser Regina Miller aus Amerika. Sie erkundigt sich, wie weit wir mit unseren Nachforschungen seien. Das würde ich auch gern wissen. Wie steht es damit? Es sind Wochen, seit Sie mir berichteten!“

Wieder versuchte Heinz eine Antwort anzubringen und wieder unterbrach ihn die Staatssekretärin ungehalten. „Kommen Sie doch gleich mal zu mir. Und ich hoffe, Sie haben einiges zu berichten!“ Dann legte sie auf.

„Au weia“, seufzte Heinz, jetzt ist sie ziemlich sauer! Wie gut, dass ich die Heide habe, die mir aus diesem Schlamassel hilft, dachte er erleichtert.

Schnell nahm er den gesamten Vorgang vom Stapel für unerledigte Aufgaben, fügte Heides letzten Bericht hinzu und begab sich in den Aufzug. Dort musste er unwillkürlich an die Heide denken, die sich oft über die Angst vor dem Tadel von Vorgesetzten und überhaupt über die nie zu übertretende hierarchische Struktur des Ministeriums mokiert hatte, und gleich ging es ihm besser.

Die Staatssekretärin schaute ihm erwartungsvoll entgegen. „Sie und Ihre Frau Freber lassen sich ja ganz schön Zeit! Ich hoffe, Sie haben etwas. Selbst die Staatskanzlei ist schon eingebunden. Ich hatte eben einen Anruf von Ludi, dem Persönlichen des Ministerpräsidenten. Er war anscheinend ziemlich erbost, dass er nicht von vorneherein informiert worden ist. Also, lassen Sie mich hören! Wie steht die Angelegenheit?"

Heinz, der ein Grinsen über den Insider-Jargon der Staatssekretärin unterdrücken musste, sagte: „Na ja, das war ja zu erwarten. Sobald die ‚political correctness' den Hauch einer Beschädigung erfahren könnte, schaltet sich die Staatskanzlei ein."

Triumphierend zog er Heides abschließenden Vermerk hervor und erstattete Bericht: „Frau Staatssekretärin, die Nachforschungen, die nicht ganz einfach gewesen sind – sie erstreckten sich vom Hessischen Staatsarchiv über das Stadtarchiv der Stadt Mainz, das Dekanat der EKHN, der evangelischen Kirche für Hessen und Nassau …"

„Verschonen Sie mich mit den Einzelheiten, Herr Küster, kommen Sie zur Sache!", unterbrach ihn die Staatssekretärin.

„Also, ja", fuhr Heinz atemlos fort: „Die Vorfahren von Frau Miller sind alle tot, soweit wir das feststellen konnten. Hier!" Und damit reichte er der Staatssekretärin das eine Blatt von Heide über den Schreibtisch, auf dem sie die einzelnen Beteiligten und ihr grausames Ende aufgelistet hatte.

Die Staatssekretärin überflog die Seite und ihr Gesicht nahm einen schmerzlichen Ausdruck an. Sie gab ihm das Blatt zurück und murmelte etwas schuldbewusst: „Gute Arbeit! Fassen Sie dies alles in einem Bericht zusammen und senden Sie es über mich an die Staatskanzlei. Und, Herr Küster, ein Antwortschreiben an Frau Miller, ein bisschen sensibel und zurückhaltend und natürlich über mich und die Staatskanzlei zur Mitzeichnung bzw. Kenntnisnahme. Danke! Dann noch ein frohes neues Jahr und danken Sie Frau Freber."

Erleichtert verließ Heinz ihr Büro, um sich an seinem eigenen Schreibtisch an die Arbeit zu machen.

Vergessen war das Manuskript von Heide, vergessen waren die fröhlichen Tage mit der Familie während der Weihnachtsferien, es gab nur noch Büroarbeit. Der Bericht war zu verfassen, Telefonanrufe waren zu erledigen, Briefe zu beantworten – der ganz normale Alltag eines Ministerialbeamten hüllte ihn ein.

Erst nach drei Wochen konnte er sich wieder mit Heides Kirchenführer befassen. Er hatte sich bei ihr bedankt für die tolle Arbeit, die sie für ihn geleistet hatte, und ihr versprochen, sie in den nächsten Tagen anzurufen. An diesem Abend nahm er das Manuskript mit nach Hause. Während der Zugfahrt von Mainz nach Ingelheim, wo er mit Britta vor Jahren ein Haus gebaut hatte, an dem er noch immer bastelte, las er Heides Führer noch einmal durch.

Ja, dachte Heinz, das war großartig! Der Führer war kurzweilig und flüssig geschrieben, trotz der geschichtlichen und kunsthistorischen Fakten leicht lesbar. Morgen war Samstag, da würde er Zeit für seine Einschätzung haben. Dann ließ er seine Gedanken schweifen und befasste sich mit seinem Lieblingsthema, seinem Einfamilienhaus. Er und Britta hatten relativ spät geheiratet. Ihm war die Arbeit immer wichtiger gewesen als sein Privatleben. So hatte er in jungen Jahren gar keine Zeit oder Gelegenheit gehabt, eine Frau kennenzulernen. Als die Kinder kamen, hatte er sein vierzigstes Lebensjahr bereits überschritten. Und jetzt, wo seine Tochter Katja im Frühling zwölf werden sollte, hatten Britta und er beschlossen, das Dachgeschoss des Hauses auszubauen, um den beiden Kindern je ein eigenes Zimmer und ein Bad bieten zu können. Er freute sich schon auf die handwerkliche Arbeit, war sie doch sein Ausgleich für die vornehmlich sitzende Beschäftigung im Ministerium.

Am folgenden Montag fuhr er zufrieden ins Büro. Zwar hatte er morgens um sechs Uhr den Weg zum Gartentor freischaufeln müssen, weil es die ganz Nacht geschneit hatte, aber der freundliche Nachbar hatte den Gehsteig auch vor ihrem Haus gekehrt, sodass Heinz den frühen Zug nach Mainz nehmen konnte.

Das Wochenende war richtig erfolgreich gewesen, wie Heinz auf der Fahrt befriedigt feststellte. Am Samstag hatte er die Notizen für Heide zu Papier gebracht und sich mit ihr für Mittwoch verabredet. Dieses Mal hatte er Heide vorgeschlagen, sich nicht im Café Gerster zu treffen, sondern in der Johanniskirche, die er endlich einmal von innen sehen wollte. Heide hatte eingewendet, dass es in der Kirche ziemlich kalt sei und außerdem die Fußbodenheizung im nördlichen Seitenschiff herausgerissen worden sei, sodass Staub und Bauschutt den Anblick des Kircheninneren erheblich störten. Aber er hatte darauf bestanden, Heides Beschreibung der Kirche an Ort und Stelle zu überprüfen. Heide hatte, zögerlich zwar aber dennoch, zugestimmt.

Am Sonntag hatten Britta und er den Ausbauplan ihres Hauses, den sein Freund, der Architekt, für ihn gezeichnet hatte, durchgearbeitet und hatten beschlossen, an den freien Tagen über Fastnacht, also schon nächsten Monat, mit den Vorarbeiten für den Umbau zu beginnen. Insgesamt ein arbeitsreiches aber befriedigendes Wochenende, wonach sich Heinz voll und ganz auf seine berufliche Tätigkeit einstellen konnte.

Am Mittwoch, wie im warmen Rheintal nicht anders zu erwarten, herrschte Schmuddelwetter. Über Nacht hatte Tauwetter, durchsetzt mit Regenschauern, der winterlichen Schneedecke ein jähes Ende bereitet und die bis dahin vereisten Straßen waren mit zähem Tratsch bedeckt. Wie gut, dass Britta mich gezwungen hat, die Stiefel anzuziehen, dachte Heinz, als er mit trockenen und warmen Füßen den Zug in Mainz verließ und durch die schmutzigen Schneereste den Weg in sein Büro zurücklegte.

Tief aus ihren Gedanken aufgeschreckt, bemerkte Heide, dass sie fröstelte. Sie lag ja immer noch in der Badewanne und das Wasser war inzwischen ziemlich kalt! Schnell erhob sie sich und duschte noch einmal heiß, um mit dem heißen Wasser nicht nur die Kälte aus ihrem Körper zu vertreiben, sondern damit auch die grausigen Erinnerungen an den erschreckenden Fund des vorangegangenen Nachmittags abzuspülen.

VI.

Die Polizei nimmt die Sache in die Hand

Am nächsten Morgen rief Heinz bereits kurz vor neun bei Heide an und erkundigte sich zuerst nach ihrem Befinden.

„Mir geht es bestens“, versicherte sie. „Ich habe gestern Abend eine halbe Stunde in der Badewanne zugebracht, was ich sonst nie tue. Mit dem ganzen Dreck hat sich auch die Spannung gelöst.“

„Sehr vernünftig. Auf die Idee bin ich gar nicht gekommen. Aber Britta hat mir ein feines Abendessen vorgesetzt und ich habe ihr die ganze Geschichte erzählt. Danach ging es mir auch wieder gut."

„Dass du essen konntest, finde ich beachtlich. Ich habe keinen Bissen heruntergebracht. Aber heute Morgen zum Frühstück habe ich alles wieder nachgeholt." Nach einer kurzen Pause fuhr sie fort: „Dieses Essensgespräch ist aber doch sicher nicht der Grund deines Anrufs?"

„Nein", erwiderte Heinz. „Ich habe eben mit Kriminalrat Pohl vom Polizeipräsidium gesprochen. Er bittet darum, wenn du es einrichten kannst, mit mir um 10 Uhr bei ihm zu sein. Kannst du? Ich hole dich ab."

Pünktlich um zehn trafen Heide und Heinz im Polizeipräsidium ein. Der junge Beamte vom vorangegangenen Abend, Kriminalhauptkommissar Schlenger, nahm sie in Empfang und bat sie, einen Moment zu warten. Kurze Zeit später kam er mit einem freundlichen älteren Herrn wieder, den er ihnen als seinen Chef, Kriminalrat Pohl, Leiter des Kommissariats 11 – Kapitaldelikte – vorstellte. Sie wurden in zwei getrennte Vernehmungszimmer geführt und mussten den Ablauf des Nachmittags und die Entdeckung des Toten noch einmal erzählen. Pohl sprach mit Heide und Schlenger mit Heinz.

Für Heide überraschend dauerte die Vernehmung von Heinz länger als ihre eigene. Als er endlich auftauchte, bestürmte sie ihn mit Fragen.

„Komm, wir gehen schnell noch auf einen Kaffee. So viel Zeit muss sein", forderte Heinz sie auf. Zusammen fuhren sie von der Neustadt zurück zum Ministerium, wo sie sich in der Cafeteria in eine ruhige Ecke verzogen. Während Heinz den Kaffee holte, schaute Heide sich interessiert um.

„Vornehm seid ihr geworden", bemerkte sie, als Heinz die beiden Tassen auf dem Tisch abstellte. „Ich bin seit dem

Umbau nicht mehr hier gewesen, habe nur von außen gesehen, dass ihr euch mächtig vergrößert habt."

„Ja", antwortete Heinz, „größer schon, aber besser? Da kann man durchaus geteilter Meinung sein!"

Heide schaute zu den wenigen Kaffeetrinkern hinüber. „Alles neue Gesichter. Ich bin eben doch schon eine Ewigkeit ‚Freifrau'. Aber jetzt erzähl, warum hat es bei dir so lange gedauert?"

Heinz berichtete ihr, dass der Kriminalbeamte, nachdem er ihn eingehend über den Hergang des verhängnisvollen Nachmittags befragt hatte, genau wissen wollte, was sie beide überhaupt in der Johanniskirche gemacht hätten. Heinz musste ihm berichten, dass er selbst, außer ihr, Heide, keine Verbindung zu der Kirche habe und dass ihn nur der Schauplatz des Kirchenführers interessiert habe.

„Ach, du meine Güte! Hast du ihm etwa von dem Projekt erzählt?", fragte Heide irritiert.

„Musste ich doch. Außerdem, das ist doch wohl kein Geheimnis."

„Nein, das nicht, aber die ganze Sache ist bereits gestorben!"

„Was sagst du da? Das Manuskript ist doch gut und interessant und lebendig! Es wird eine Menge Leute interessieren. Warum willst du es denn aufgeben? Du hast meine Einschätzung ja noch gar nicht bekommen, wo ich sie doch ordentlich zu Papier gebracht habe! Bei dem ganzen Trubel gestern vergaß ich, sie dir zu geben."

Heide sah ihn zerstreut an. „Den Plan für den Kirchenführer habe ich begraben. Vor ein paar Tagen teilte mir Frau Zelinski mit, dass sich Professor Sommer vom kunsthistorischen Institut erboten hat, einen Kirchenführer für St. Johannis zu schreiben. Du glaubst doch nicht ernsthaft, dass ich mit einem ausgewiesenen Kunsthistoriker, dessen Ruf weit über Mainz hinausgeht, konkurrieren will. Nein, nein, die Sache ist gestorben. Schau nicht so mitleidig, mir macht das nichts aus. Im Gegenteil, es erspart mir eine gehörige Portion Arbeit – und, lieber Heinz, ich kann mich besser deinen Arbeiten widmen!"

„Meine Güte, du nimmst das ja locker. Aber das erinnert mich an etwas. Ich habe völlig vergessen, dem Schlenger von deiner Recherche, die ja auch irgendwie mit der Johanniskirche zu tun hat, zu erzählen. Hast du etwas zu Pohl darüber gesagt?"

„Nein. Die beiden Sachen haben ja wohl nichts miteinander zu tun. Oder glaubst du doch?"

„Keine Ahnung. Du bist die Expertin! Aber jetzt muss ich gehen. Die Pflicht ruft. Wir halten uns gegenseitig auf dem Laufenden, ja?"

Damit trennten sie sich, Heinz ging in sein Büro, Heide zu ihrer Katze. Beide grübelten auf dem Weg über die Möglichkeit nach, ob der Tote in den Kellergewölben von St. Johannis vielleicht doch mit den albtraumhaften Ereignissen während des Zweiten Weltkriegs zu tun haben könnte.

In den nächsten Tagen, in denen sich Heide von dem Schrecken des grausigen Fundes erholte, verhielt sie sich vergleichsweise ruhig. Aus der Zeitung erfuhr sie, dass der Leichenfund bereits an die Öffentlichkeit gedrungen war. Unbekannter Toter unter St. Johannis, titelte die AZ in ihrer Donnerstagsausgabe. Glücklicherweise waren in dem Artikel weder ihr Name noch der von Heinz erwähnt. Dort war nur zu lesen, dass durch einen harmlosen Unfall auf der Baustelle in der Kirche zufällig ein längst vergessenes Kellergewölbe unter dem Kirchenschiff gefunden worden sei. Der

Fund der Leiche war jedoch ziemlich drastisch herausgestellt und es waren Vermutungen ausgesprochen worden, um wen es sich bei dem Toten handeln könnte. Ein Obdachloser, der hier Zuflucht gesucht habe, ein Flüchtling aus der Kriegs- oder Nachkriegszeit, der 1942 oder später verschüttet worden sein könnte, oder ein Angehöriger des Stifts aus viel älterer Zeit, als der Zugang zwischen St. Johannis und dem Dom noch bestand, bevor der 1767 nach einem Brand abgetragen worden war.

Sieh mal an, die haben ihre Hausarbeiten gemacht, dachte Heide bei sich. Hoffentlich wissen die über Heinz und mich nicht Bescheid. Ich will gleich die Pfarrerin anrufen, um ihr einzuschärfen, nur nichts zu sagen!

Da klingelte aber bereits das Telefon. Der für die Öffentlichkeitsarbeit zur Renovierung von St. Johannis zuständige Reporter der AZ meldete sich und wollte ein Exklusivinterview mit Heide über ihr Abenteuer am Mittwochnachmittag machen, das er für die Wochenendausgabe brauche.

„Wieso vermuten Sie, dass ich beteiligt war?“, fragte sie sofort.

„Frau Freber, Sie sollten wissen, dass wir unsere Quellen haben“, meinte er ausweichend. So sehr ihr die Pressemitteilungen um die Kirche auch am Herzen lagen, so sehr wollte Heide es doch vermeiden, in die Untersuchungen öffentlich hineingezogen zu werden. Deshalb entschuldigte sie sich wortreich, bat aber um Verständnis, dass sie nichts, aber auch gar nichts zur Erhellung des Sachverhalts beitragen könne.

Enttäuscht fragte der Journalist am anderen Ende der Leitung: „Sie waren also doch nicht dabei?“ Heide besann sich auf die Antwort, die in Fernsehkrimis immer gegeben wurde und sagte daher: „Kein Kommentar.“

„Frau Freber, das können Sie doch mit mir nicht machen! Sie wissen doch, dass ich mich überall und ständig für Ihre Kirche einsetze. Hilfst du mir, helfe ich dir. So einfach ist das!“

Aber Heide blieb standhaft. Sie verwies auf Herrn Pohl von der Polizei und den Architekten des Dekanats, die wesentlich mehr zu der Sache beitragen könnten als sie selbst. Widerwillig und leicht verärgert ließ sich der Reporter abwimmeln.

Ein Telefongespräch mit Frau Zelinski am folgenden Tag ergab, dass das Dekanat einen sofortigen Baustopp verhängt hatte, dass die Denkmalpflege informiert sei, dass die Polizei den gesamten Bereich um die Kirche abgesperrt habe und dass Bergungsmannschaften Einbruchstelle, Gewölbe und Unglücksort untersuchten und freiräumten. Am Donnerstag sei eine Reihe von Kripobeamten in weißen Plastikanzügen in der Kirche ein- und ausgegangen, die sehr beschäftigt und sehr amtlich gewirkt hätten. Ob der Tote bereits abtransportiert sei, könne sie nicht sagen, in jedem Falle hielten die Aufräumarbeiten an. Sogar den Georgsaal habe man gesperrt, sodass sie jetzt mit der Altmünstergemeinde im Gespräch sei, ob die sonntäglichen Gottesdienste dorthin verlegt werden könnten.

Die Samstagsausgabe der AZ widmete den polizeilichen Untersuchungen einen ausführlichen Bericht. Wirklich Neues konnte ihm Heide jedoch nicht entnehmen.

Am Montag stand ihr Telefon nicht still. Ständig wollten irgendwelche Medienfritzen mit ihr reden. Schließlich war sie es müde und legte den Hörer neben die Gabel. Aber auch das verschaffte ihr keine Zufriedenheit, war sie doch voll innerer Unruhe, und auch wenn sie es sich nur ungern eingestand, wollte sie doch vor Neugierde platzend wissen, wie die Tragödie sich weiterentwickelte und vor allem wer der Tote war. Schließlich rief sie im Polizeipräsidium an und hatte Glück. Herr Pohl war im Hause und man stellte sie zu ihm durch. „Das ist wunderbar, Frau Freber! Ich wollte sowieso mit Ihnen sprechen. Aber Ihr Telefon war ja pausenlos besetzt!“, meinte er freundlich. Etwas schuldbewusst gestand sie, dass sie den Hörer beiseitegelegt hatte.

„Na ja“, beruhigte er sie, „das verstehe ich und es war richtig, nicht mit den Medienvertretern zu sprechen. Wir beide allerdings müssen wirklich miteinander reden. Ich komme zu Ihnen. Passt Ihnen heute Abend, so gegen 19 Uhr?“

„Ja, freilich, kommen Sie und bringen Sie mich auf den neuesten Stand!“

„Und Sie informieren mich über Ihre Recherchen. Herr Küster berichtete mir davon. Aber ich hätte es gern aus erster Hand.“

So verblieben sie und Heide legte alle ihre Unterlagen zurecht, die sie für das Gespräch mit Pohl brauchte.

Punkt sieben klingelte der Kriminalrat bei Heide. Nach der Begrüßung fragte sie sofort: „Ist dies ein offizielles Verhör oder ein angenehmer Informationsaustausch?“

„Letzteres“, antwortete Pohl lächelnd. Er ließ sich in einen Sessel fallen, nahm dankend ein Glas Wein entgegen und bemerkte mit einem anerkennenden Blick über das Lichtermeer der Stadt: „Schöne Aussicht haben Sie hier!“

„Ja, darüber bin ich auch immer wieder froh. Vor allem, weil sie mich so schön von der Arbeit abhält. Man kann hier, besonders bei Dunkelheit, so prima den fahrenden Zügen zusehen.“

Pohl lachte. „Das ist die richtige Einstellung für eine Pensionistin! Wie ich allerdings höre, sind Sie gar nicht so sehr für das Nichtstun geschaffen!“

Heide grinste. „Der Heinz Küster, nicht wahr? Ach, er übertreibt. Ich habe ihm nur dieses eine Mal ausgeholfen, weil mich die Sache interessiert hat. Aber, Herr Pohl, zuerst möchte ich wissen, wie es um, oder besser, unter St. Johannis steht."

An dem Gesichtsausdruck des Kriminalrats merkte Heide, dass dem die direkte Frage oder vielleicht auch die familiäre Atmosphäre irgendwie nicht geheuer war. Aber Heide dachte: mein Schloss, meine Regeln! Damit muss er jetzt klarkommen. Und wirklich, nach einer kurzen Überlegungspause begann Herr Pohl: „Also, wir haben Mittwochabend noch Ihr ‚Einfallstor' gesichert und Herrn Dr. Nikolaus benachrichtigt, das Letztere, weil Frau Pfarrerin Zelinski darauf bestand. Am Donnerstag haben wir zusammen mit dem Architekten Biermüller die Stollen begangen. Ein Bautrupp hat den Schacht leergeräumt und Licht verlegt und wir haben den Leichnam geborgen."

„Halt, halt, nicht so schnell: Wer ist der Tote denn und wie lange lag er da schon?"

„Nun ja, nach der Einschätzung der Pathologin, die übrigens von Herrn Nikolaus vermittelt wurde, und unserem Gerichtsmediziner, das weiß ich allerdings erst seit gestern Abend, handelt es sich um ein Opfer aus den Vierzigerjahren. Er ist beim Einsturz des Raumes erschlagen worden. Wer er ist, wissen wir freilich noch nicht. Sie haben den Leichnam ja selbst gesehen. Viel mehr als ein Skelett mit einigermaßen erhaltenen Stoffresten der Kleidung und dem noch erkennbaren Filz der Pantoffeln war ja nicht mehr vorhanden. Na ja, ein paar Haare konnten auch noch sichergestellt werden. Alles Weitere müssen die kommenden Untersuchungen erbringen. Wir haben in dem Bücherregal, von dem Sie bereits erzählt haben, einige Schriftstücke gefunden, abgefasst – und das ist die Überraschung – in hebräischer Sprache und Schrift. Wir gaben die Papiere an Frau Dr. Herzog, eine Wissenschaftlerin der Uni Mainz, mit der Bitte, uns so schnell wie möglich eine Übersetzung zu liefern. Sie sagt, das werde eine Weile dauern, weil sie kaum Zeit hat, sich zusammenhängend damit zu befassen. Sie wollte die Arbeit einer wissenschaftlichen Hilfskraft übergeben. Aber das konnten wir natürlich nicht zulassen. Wir brauchen schnelle Ergebnisse."

„Ja, die Dame kenne ich. Sehr kompetent, sehr vielseitig, aber immer mit Arbeit überlastet. Und was geschieht in der Zwischenzeit?"

„Wir untersuchen natürlich Tatort oder Unglücksort und Gewölbe eingehend auf Spuren. Wir müssen ja wissen, wie der Mann dort hingeraten konnte und ob Fremdverschulden ausgeschlossen werden kann und es sich tatsächlich um ein Verschüttungsopfer handelt. Wir wollen natürlich sicher gehen, dass keine weiteren Opfer in dem Schutt begraben liegen. Wenn wir unsere Untersuchungen abgeschlossen haben, wird Herr Dr. Nikolaus die historischen Dimensionen des Gewölbes untersuchen. Ich fürchte, der Kirche steht eine erhebliche Verzögerung der Renovierungsarbeiten bevor. Aber zurück zu Ihnen, Frau Freber. Herr Küster erzählte mir von Ihren Bemühungen, etwas über eine jüdische Familie aus der Zeit vor dem Zweiten Weltkrieg in Erfahrung zu bringen."

Heide breitete ihre Unterlagen vor Herrn Pohl aus und berichtete ihm ausführlich von ihren Nachforschungen. Sie berichtete von ihrer Ausgangslage, den Tagebucheintragungen und den Briefen, von ihrem Aktenstudium in Darmstadt, ihrer Informationsbeschaffung in der Gemeindebücherei der neuen Synagoge, ihren Nachforschungen im

Stadtarchiv. Pohl wollte jede Einzelheit wissen, schien sich im Geiste Notizen zu machen, fragte nach den Ansprechpartnern in den einzelnen Einrichtungen, der Art der Hilfestellung, die sie von den jeweiligen Mitarbeiterinnen und Mitarbeitern erfahren hatte, und lachte herzlich, als Heide die geschraubte Sprechweise und Sprache des Archivars aus Darmstadt nachahmte.

Die meiste Zeit hörte Herr Pohl mit geschlossenen Augen zu, rutschte immer tiefer in seinen Sessel und hätte er nicht hin und wieder an seinem Weinglas genippt und dann und wann einen Grunzlaut, der auf Zustimmung schließen ließ, von sich gegeben, hätte man annehmen müssen, er schliefe.

Als Heide geendet hatte, setzte er sich wieder aufrecht hin und bemerkte: „Also, Sie konnten feststellen, dass alle Familienmitglieder tot oder verschollen sind, nur dieser Heinrich Cohn hat keine Spuren hinterlassen. So, so."

Heide wartete auf mehr, aber Pohl blieb stumm. Natürlich wollte sie keine vorschnellen Schlüsse ziehen und sagte daher auch nichts. Pohl schien sich an dem minutenlangen Schweigen nicht zu stören. Dann schaute er sie plötzlich scharf an und fragte: „Was wissen Sie über die Geschichte der Juden vor dem 20. Jahrhundert in Mainz, was zum Beispiel über die frühe jüdische Gemeinde dieser Stadt im Mittelalter?"

Etwas überrascht antwortete sie: „Herzlich wenig. Aber es gibt ziemlich gute Literatur darüber, sowohl in der jüdischen Gemeinde als auch in der Präsenzbücherei des Historischen Seminars an der Uni. Aber worauf wollen Sie hinaus?"

„Haben Sie nicht in Ihrem Bericht für Herrn Küster auf ein oder mehrere wertvolle Bücher aus der jüdischen Gemeinde hingewiesen?"

Verärgert rutschte Heide auf den Rand ihres Stuhles. „Ach

so, Sie haben meinen Vermerk für Herrn Küster gelesen. Warum lassen Sie mich den ganzen Sermon dann noch einmal erzählen, wenn Sie ohnehin schon alles wissen?“

Die Schärfe in ihrer Stimme war nicht allein, wie sie wohl wusste, auf ihre Verstimmtheit zurückzuführen, sondern zu einem Gutteil auch auf Schuldbewusstsein, weil sie den Bücheraspekt dem Kriminalrat gegenüber verschwiegen hatte. Warum sie das getan hatte, konnte sie selbst nicht sagen, aber irgendwie schien ihr dieser Teil ihrer Zusammenfassung der Ereignisse um die Familie Mannheimer vor dem Krieg zu nebelhaft und auch zu phantastisch. Freilich wusste sie, dass es im Mainz des 11. Jahrhunderts die bedeutendste Rabbinerhochschule, die Jeschiva, für den gesamten askenasischen Kulturkreis gegeben hatte. Aber mit der Frage, ob aus jener Zeit noch Schriftgut erhalten war, hatte sie sich wahrlich noch nie beschäftigt. Auch mit den unzähligen Judenverfolgungen im Laufe der Geschichte, beginnend mit den Kreuzzügen, hatte sie sich nie befasst. Und das bisschen, was sie aus den kürzlich eingesehenen Urkunden aus der Vor- und Kriegszeit des 20. Jahrhunderts gelernt hatte, reichte nicht dazu aus, irgendeine stichhaltige Aussage über jüdisches Schriftgut, wertvoll oder nicht, alt oder nicht, zu machen.

Herr Pohl, der ihr Zögern sehr wohl bemerkte, sagte: „Seien Sie nicht verstimmt. Das ist meine Weise, mir ein Bild zu machen. Je häufiger ich einen Sachverhalt vorgetragen bekomme oder lese, am besten aus verschiedenen Blickwinkeln betrachtet, desto klarer wird meine Vorstellung davon. Schon oft habe ich auf diese Weise das sprichwörtliche Haar in der Suppe gefunden und den Fall lösen können. Ich habe mir selbstverständlich von Herrn Küster alle Unterlagen kopieren lassen.“

„Na gut, es sei Ihnen verziehen. Aber Stichhaltiges kann ich nicht liefern. Ich weiß nichts mit Bestimmtheit!"

Sie berichtete von den wenigen Hinweisen, die sie aus einem Brief von Heinrich Cohn hatte, und von der Vermutung, dass es sich in dem Brief aus Theresienstadt von einem Max Schernow an Michel Oppenheim, den Gemeindevorstand von 1941 bis 1943, um eben jene Bücher handeln könnte. „Ich sage Ihnen ja, viel ist es nicht. Nur dass der damalige Rabbiner, Dr. Levi, die aus der Bibliothek der Synagoge geretteten Bücher für so wichtig hielt, dass er den Verlust der Thorarolle verschmerzen konnte."

Herr Pohl hatte wieder nur stumm zugehört und nickte jetzt. Er schien immer noch nachzudenken, denn er blieb weiterhin stumm. Heide, der diese endlosen Denkpausen zu lang waren, sagte: „Nachdem ich Ihnen jetzt alles erzählt habe, bitte ich, noch zwei Fragen stellen zu dürfen."

„Gut, gut", willigte Pohl ein, „schießen Sie los!"

„Ich wollte gerne wissen, wie lange die Kirche geschlossen bleiben muss. Zumindest der Georgsaal sollte uns bald wieder zur Verfügung stehen. Es ist immer ein ziemlicher Umstand, bis die Gemeinde sich an den Gottesdienstbesuch in der Altmünsterkirche gewöhnt hat."

„Ach, das wird wahrscheinlich gar nicht nötig sein. Der Georgsaal kann bestimmt im Laufe der Woche wieder genutzt werden. Und was ist Ihr zweites Anliegen?"

Heide holte tief Luft. Es war ihr ein bisschen unangenehm, das Folgende anzusprechen. Aber so eine Gelegenheit würde sie so schnell nicht mehr haben. Deshalb sagte sie: „Es treiben sich ständig irgendwelche Typen bei der Kirche herum. Wir, Frau Ritter, Herr Peters, beide Gemeindemitglieder, der Hausmeister und ich haben den Eindruck, dass das mehr wird."

„Oho, der Sache werde ich sofort nachgehen. Danke für den Tipp."

Dann bedankte sich Pohl artig für den Wein und verabschiedete sich.

Am nächsten Morgen im Präsidium war seine erste Amtshandlung eine DNA-Probe von Frau Regina Miller, Fredericksburg, Virginia, USA, in Auftrag zu geben.

Drei Wochen gingen ins Land. Der Winter zog sich hin. An einem Tag Schneefälle, am nächsten Tag Tauwetter mit Matsch auf den Straßen und nassen Füßen. Heide hatte wenig Lust, nach draußen zu gehen. Aber wenigstens hatte Herr Pohl sein Versprechen wahrgemacht und den Georgsaal wieder für die sonntäglichen Gottesdienste freigegeben.

Aus der Zeitung erfuhr sie, dass der Polizei inzwischen teilweise eine Übersetzung des im Kellergewölbe von St. Johannis gefundenen Schriftstückes vorlag. Es handele sich, so der Zeitungsartikel, um die Aufzeichnungen eines jüdischen Flüchtlings, der von einer Mainzer Familie dort vor der Verfolgung durch das Nazi-Regime versteckt worden war. Namen wurden in dem Zusammenhang nicht genannt. Was allerdings neu für Heide war, stand im letzten Absatz des Berichtes und informierte über die Besonderheit, dass es sich bei dem schriftlichen Nachlass um eine Art Tagebuch handele, welches zwar in hebräischer Schrift aber in jiddischer Sprache abgefasst sei. Ein Umstand, der die Übersetzungsarbeit erschwere. Die erste Aufzeichnung beginne im Juni 39, also noch vor Ausbruch des Krieges und als letzte Eintragung werde Anfang August 42 vermutet.

Damit sei die Todesursache des Toten unter St. Johannis geklärt. In der Nacht vom 11. auf den 12. August 1942, so fuhr der Artikel fort, hätten schwerste Luftangriffe der

Engländer vor allem das Quintinsviertel zerstört und einen Brand in der Innenstadt ausgelöst, der nicht zu löschen gewesen wäre. In dieser Nacht fielen 134 Tonnen Brandbomben und 203 Tonnen Sprengbomben, die die gesamte Altstadt in ein Flammenmeer verwandelten. In der darauffolgenden Nacht erfolgte ein zweiter Luftangriff, dieses Mal von den Amerikanern, der 97,5 Tonnen Brandbomben und 138 Tonnen Sprengbomben und Luftminen über der Stadt absetzte. Insgesamt, so berichtete die AZ, seien bei dem Angriff 161 Tote zu beklagen gewesen, 363 Mainzerinnen und Mainzer seien verletzt worden, zehn vermisst. Nun müsse man wohl die Zahl der Toten auf 162 erhöhen oder sollte es sich bei dem kürzlich gefundenen Toten um einen der Vermissten handeln?

Außerdem seien bei diesen beiden Angriffen 781 Wohnhäuser, fünf Kirchen, unter denen sich auch St. Johannis befunden habe, vier Schulen, ein Krankenhaus, 23 öffentliche Gebäude und vierzig Geschäfte den Bomben zum Opfer gefallen.

Nach diesen grausigen Einzelheiten über das Schicksal der Stadt im August 1942 stellte die Zeitung jedoch die Tatsache groß heraus, was Heide zutiefst beglückte, dass die Mainzer Bevölkerung nicht, wie bislang angenommen, durchweg dem Naziregime und der mit ihm verbundenen Judenhetze verfallen gewesen sei, sondern dass es auch charakterfeste und christlich gesinnte Mainzer gegeben habe, die, unter Einsatz ihres Lebens, jüdischen Flüchtlingen Unterschlupf gewährt hätten.

Man hatte in der Stadt nach dem Krieg immer einmal wieder von solchen Gerüchten gehört, man hatte auch einigen Veröffentlichungen entnehmen können, dass die alteingesessene Mainzer Bevölkerung nicht aus fanatischen

Hitleranhängern bestanden hätte, sondern der Judenwahn eher von der „von Preußen“ kommenden Offiziers- und Beamtenschaft ausgegangen sei. Jetzt jedoch habe man mit den vorliegenden Aufzeichnungen eines von Mainzern versteckten Juden den endgültigen Beweis dafür.

Aus der Zeitung eine Woche später erfuhr Heide noch weitere Einzelheiten über das Schicksal des jüdischen Flüchtlings. Am meisten jedoch erstaunte Heide der Hinweis, dass Polizei und Denkmalpflege eine aus dem schriftlichen Nachlass entnommene Spur verfolge, die auf wertvolles Schriftgut aus dem Mittelalter hinweise. Es wurde sogar die Spekulation ausgesprochen, möglicherweise könne es sich um das berühmte aber verschollene Werk des Gerschom ben Jehuda aus dem 10./11. Jahrhundert handeln, in dem dieser Mainzer Rabbiner seine Richtersprüche und Verordnungen niedergeschrieben hatte, die in ganz Europa anerkannt waren und noch Jahrhunderte später Gültigkeit bewiesen.

Wie konnte solches Insider-Wissen in die Zeitung gelangen, grübelte Heide. Wer hatte da seinen Mund nicht halten können? Oder gab es tatsächlich neue Erkenntnisse?

Sofort versuchte sie von dem ihr bekannten Reporter der AZ mehr Einzelheiten zu erfahren. Der speiste sie jedoch, ihre eigene Ablehnung zur Informationsbereitschaft nachahmend, mit einem „kein Kommentar“ ab und auch Herr Pohl von der Polizei vertröstete sie wegen derzeitiger Arbeitsüberlastung auf einen späteren Zeitpunkt.

Obwohl Heide sehr darauf versessen war, den Inhalt des gefundenen Schriftstückes kennenzulernen, dem diese atemberaubenden Einzelheiten entnommen waren, schienen alle ihre Informationsquellen versiegt zu sein. Selbst ein Anruf bei Heinz brachte ihr keine neuen Erkenntnisse. Auch er war nicht weiter in die Nachforschungen der Polizei eingebunden. Er berichtete ihr nur, dass auch ihm versprochen worden war, sobald neue Fakten auftauchten, die seinen Fall beträfen, informiert zu werden.

Am Freitag, einen Tag nach Altweiberfastnacht, hatte sie sich mit der Pfarrerin verabredet. Vielleicht konnte sie von der mehr über die Untersuchungen der Polizei und der Denkmalpflege erfahren.

Gerade bahnte sie sich einen Weg durch die Papierabfälle, leeren Getränkedosen und Flaschen zwischen den Buden auf dem Schillerplatz, als sie direkt in die Arme von Dr. Nikolaus lief.

„Hallo, junge Frau! Wohin so eilig“, begrüßte der sie.

„Meine Güte, Nikki, du kommst mir genau richtig!“, antwortete sie und hielt ihn am Ärmel fest. „Du musst mir unbedingt erzählen, was du in ‚meiner Höhle‘ gefunden hast!“

Der kleine, muskulöse und äußerst agile Archäologe setzte sein ansteckendes Lächeln auf und sagte: „Ja, meine Liebe, das war tatsächlich eine Überraschung. Wie immer, natürlich, zur falschen Zeit. Mein Bautrupp war gerade damit beschäftigt, die Aquäduktpfeiler im Zahlbachtal zu sichern, die sehr unter dem Frost und der nachfolgenden Schmelze gelitten hatten. Zwei von ihnen drohten, auf den Fußweg hinter dem Hildegardiskrankenhaus zu stürzen. Hätte ich die Stadt den Schaden beheben lassen, wären beide Pfeiler heute bestimmt restlos beseitigt. Du weißt, als wie gefährlich diese maroden Pfeilerstümpfe bei der Stadt gelten. Wir mussten, wie schon so oft, Nachtschichten einlegen.“

„Ja, Nikki, ich weiß, du bist großartig und du hast sie sicher gerettet. Aber sage mir, was hast du unter St. Johannis gefunden?“

„Nun, das ist ausgesprochen spannend und ergiebig. Als der Schutt, die herabgefallenen Balken, die verkohlten Reste des Unterschlupfs – du weißt, dass es sich um ein Versteck jüdischer Flüchtlinge aus dem Zweiten Weltkrieg handelt?" Dr. Nikolaus nahm Heides Nicken als Zustimmung und fuhr fort: „Als also der Raum freigelegt worden war, konnten wir feststellen, dass er Teil einer Unterkirche war, die noch Mitte des 13. Jahrhunderts benutzt wurde. Du erinnerst dich, dass Erzbischof Siegfried III. von Eppstein befand, die Kirche sei baufällig und müsse abgerissen und neu erbaut werden. Um dieses Vorhaben zu finanzieren, wurden Ablässe an Spender vergeben, die sie von ihren Sünden befreiten. Papst Gregor IX. bestätigte diese Ablässe 1235 mit einer Urkunde, in der es u.a. heißt ‚quod ecclesia vestra, quae in civitate Maguntinensi prima dicitur fuisse constructa, ruinam ex nimia vetustate minetur.'"

„Ja, ja", nickte Heide, „ich erinnere mich: ‚da eure Kirche, von der man sagt, sie sei die erste in Mainz gebaute, droht, wegen ihres hohen Alters, zusammenzubrechen'."

„Fein übersetzt", sagte Dr. Nikolaus anerkennend. „Trotzdem wurde erst knapp hundert Jahre später im Westen mit dem gotischen Chor begonnen. Wahrscheinlich dort, weil die Kirche ja, wie üblich, geostet war und sich der Altar in der Ostabside, da, wo heute die Orgel ist, befand. Unmittelbar darunter war die Unterkirche, wohl noch aus der Zeit von Bischof Hatto. Aber jetzt kommt es: An der östlichen Rückwand fanden wir einen zugemauerten Teil aus jüngerer Zeit. Wir hätten diesen Durchgang gar nicht gefunden, wären nicht durch den teilweisen Einsturz der Decke die Umrisse des vermauerten Durchganges im Putz als Risse abgezeichnet gewesen. Wir haben also das neuere Mauerstück entfernt und siehe da, wir konnten einen Gang freilegen, der uns direkt unter dem Leichhof hindurch zum Dom führte. Du kannst dir vorstellen, was das für eine Überraschung war!

Hatten wir doch bislang angenommen, dass das Paradies, der Verbindungsgang zwischen St. Johannis und dem Dom, der nach dem Brand von 1767 abgerissen worden war, nur einstöckig verlief. Eine echte Sensation also."

Heide hatte mit gespitzten Ohren zugehört. „Das ist ja eine Wahnsinnsentdeckung! Großartig! Und was habt ihr jetzt vor?"

„Also, im Augenblick beseitigen wir noch den Schutt aus dem Paradies. Wir sind fast bis zum Dom vorgedrungen und sehr gespannt, wie dieser Verbindungsgang endet."

Heide war ganz aufgeregt. „Kann ich das wohl einmal sehen? Bitte, Nikki, lass mich doch einmal einen Blick hineinwerfen!"

Dr. Nikolaus zögerte einen Moment, gab sich dann aber einen Ruck und sagte: „Also gut, meinetwegen. Du hast immerhin den Einstieg, wenn auch unfreiwillig, gefunden. Über das verlängerte Fastnachtswochenende wird nicht gearbeitet. Da kann ich dir zeigen, wie weit wir sind."

„Wunderbar, danke, prima", jubelte Heide. „Wann, wann kann ich kommen?"

Der Denkmalpfleger überlegte kurz und antwortete dann: „Wie wäre es mit Sonntagnachmittag, sagen wir, 14 Uhr?"

„Bestens. Ich stehe vor dem Eingang zum Georgsaal. Danke, Nikki. Jetzt muss ich aber auch laufen, bin verabredet."

Die beiden trennten sich und Heide legte beschwingt die letzte Wegstrecke zum Pfarrhaus zurück.

Am Sonntag stand sie zur verabredeten Zeit vor der Kirche und kurze Zeit später kam auch Dr. Nikolaus um die Ecke gebogen. Sie betraten die Kirche und gingen geradewegs auf die Nordnische zu, wo der Einstieg in die Unterkirche inzwischen durch ein provisorisches Geländer gesichert und eine Leiter angebracht war, über die man bequem in das untere Geschoss hinabsteigen konnte.

„Nikki, bevor du mir die neue Grabung zeigst, möchte ich noch etwas anderes von dir wissen. Du hast mir Freitag gesagt, die Polizei sei mit ihren Untersuchungen fertig. Aber haben die denn gar nichts über einen Bücherfund gesagt?"

Nikki blickte sie etwas erstaunt an. Nach kurzem Zögern sagte er: „Ach ja, du warst ja diejenige, die die Spur der jüdischen Familie aufgenommen hat. Pohl gab mir deinen Vermerk für das Ministerium. Du warst auch diejenige, die Pohl gegenüber die 1938 in der Synagoge geretteten Bücher erwähnte. Nein, Bücher haben wir bisher nicht gefunden. Aber sonst schon einiges Merkwürdige. Komm und sieh selbst."

Damit stieg er die Leiter hinunter und Heide folgte ihm. Durch die nackten Glühbirnen, die alle paar Meter von einem Kabel entlang der Mauer hingen, war der Eindruck des Gewölbes ein ganz anderer, als Heide ihn von ihrem ersten Besuch in Erinnerung hatte. Nichts war mehr unheimlich, nichts war mehr mysteriös! So wie auf allen Grabungen, die Dr. Nikolaus betreute, war auch hier der Boden makellos sauber, die Wände waren von Ruß und Spinnweben befreit und die abgeflachte Gewölbedecke zeigte ihre sauber gemauerte Struktur.

„Meine Güte, was für ein Unterschied zu neulich! Ich glaube fast, in einem anderen Gemäuer zu sein!", bemerkte Heide anerkennend. Sie schlüpften durch die Öffnung in den abschüssigen Gang, der inzwischen gut ausgeleuchtet war.

Nikki zeigte Heide einzelne, in die Mauer eingelassene Nischen und erklärte, was ihre mögliche Funktion gewesen sein könnte. Auch Fackelhalter mit entsprechenden Rußspuren zeugten von der frühen Nutzung des Ganges.

Der Raum, in dem Heide und Heinz den Toten gefunden hatten, war zwar vom Schutt befreit, aber nun war er mit Bauwerkzeugen, Abstützgerätschaften und Grabungsutensilien vollgestopft.

„Ab hier fängt es an, richtig interessant zu werden!“ Dr. Nikolaus zeigte Heide den Durchbruch, der erst nach Bergung des Toten und Beseitigung des Einsturzschuttes sichtbar geworden war. „Hier siehst du in der mittelalterlichen Wand die spätere Vermauerungsfuge.“ Er zeichnete mit dem Finger den Riss im Putz nach. „Wir haben also einen Teil der Vermauerung entfernt und gelangten hierher.“

Damit leuchtete er mit einem starken Scheinwerfer in einen gut zweieinhalb Meter breiten, sauber gemauerten Gang, der schnurgerade in die Dunkelheit führte.

„Siehst du, hier und hier, die Werkzeugspuren?“

Sie waren auf die andere Seite des Mauerdurchbruchs getreten, blickten nun von der Ostseite zurück auf den Einlass in den Raum der Unterkirche.

„Tatsächlich, sieht aus wie Messerspuren oder etwas ähnlich unpraktisch Kleines“, wunderte sich Heide. „Wie alt mögen diese Spuren sein?“

„Nun, genau lässt es sich nicht sagen, ich vermute jedoch, dass der Versuch, eine Maueröffnung zu finden oder sie herbeizuführen, aus den Vierzigerjahren des vorigen Jahrhunderts stammt. Und das wieder führt zu der Vermutung, dass sich während des Krieges mehr als eine Person in diesem unterirdischen Versteck aufhielt.“

„Aber wenn der Durchlass nicht vorhanden war, bedeutet das doch, dass auf der einen Seite das Versteck von der Johanniskirche und auf der anderen Seite vom Dom aus zugänglich war.“

„Nicht ganz“, schmunzelte der Archäologe. „Schau hier,

dieses Stück der Maueröffnung“, und er zeigte auf die unregelmäßige Bruchstelle, „war mit großer Wahrscheinlichkeit vor der Verschüttung ein Schlupfloch von hüben nach drüben.“

„Was bedeutet das?“, wollte Heide wissen.

„Ganz einfach: Als das Versteck bezogen wurde, konnten die Flüchtlinge sowohl von der Johanniskirche als auch vom Dom in den von euch gefundenen Raum gelangen und bei Gefahr auch in beide Richtungen verschwinden. Nach dem Einsturz war der Gang nur noch vom Dom her offen und der oder die Bewohner versuchten von hier aus in den Raum zu kommen, um ihren Gefährten zu Hilfe zu eilen.“

„Einleuchtend. Seid ihr bereits bis zum Dom durchgestoßen?“

„Nein, aber ich glaube, dass wir das in der nächsten Woche schaffen werden. Komm mal mit, Heide, hier will ich dir noch etwas zeigen.“

Nikki führte Heide den Gang ein kurzes Stück Richtung Dom entlang und leuchtete mit dem starken Licht nach wenigen Metern die Wände links und rechts an. Heide sah mit einem Blick, dass sich das Mauerwerk an den beiden Seiten wesentlich voneinander unterschied. Links stand die Rotsandsteinwand aus sauber geschlagenen Hausteinen, wie sie auch an anderen Stellen der Unterkirche zu finden waren, rechts sah Heide eine unregelmäßig gesetzte Bruchsteinwand aus graugelben Feldsteinen.

„Rechts siehst du die Stützmauer des unterirdischen Wasserreservoirs vom Leichhof, die in den Dreißigerjahren noch einmal frisch mit Teer kalfatert worden ist. Hier eine Teernase und hier auch. Man muss von Glück sagen, dass die alten Mauern gehalten haben und beim Bombenangriff nicht geborsten sind und den Dom unter Wasser gesetzt haben!

Allerdings wissen wir gar nicht genau, ob diese Reservoirs jemals mit Wasser gefüllt wurden. In Oppenheim, in einem ähnlichen Reservoir in den unterirdischen Kellern, wurde dies jedenfalls nicht gemacht."

Jetzt schwenkte Dr. Nikolaus das Licht auf die gegenüberliegende Wand. „Schau, hier in diesem tresorähnlichen Wandschrank haben wir diverse Bücher und Schriftstücke gefunden, die im Augenblick geprüft werden."

„Also doch!" Heide freute sich. „Wer führt die Untersuchung durch?"

„Nein, Heide, nein! Keine falschen Schlüsse. Es handelt sich mit Sicherheit nicht um irgendwelche seltenen oder alten Druckwerke. Das, was wir gefunden haben, ist die Literatur, die man bei Menschen vermutet, die für längere Zeit an einen Ort gebunden sind."

Enttäuscht schaute Heide sich um. „Schade! Ich dachte schon, mein Verdacht, hier einen literarischen Schatz zu finden, würde sich bestätigen."

„Nein, wir haben Gedichtbände von Rilke und Dramen von Hebbel, einen Bergengruen, ein Buch von Karl Wolfskehl und noch einige andere Werke gefunden."

Während sie zurückgingen, erläuterte Dr. Nikolaus noch die eine oder andere Besonderheit, die darauf hinwies, dass das Versteck für einen langen Aufenthalt vorgesehen war. Wieder vor der Johanniskirche bedankte sich Heide für die Besichtigungstour und verabschiedete sich von dem Archäologen.

Drei Tage später, am Aschermittwoch, meldete sich Herr Pohl bei Heide zum Kaffee an und versprach ihr eine Überraschung. Als sie ihm die Tür öffnete, war sie sehr erstaunt, nicht nur Herrn Pohl, sondern auch Heinz und eine ihr unbekannte Dame vorzufinden.

„Darf ich Ihnen Frau Regina Miller aus den USA vorstellen?“, fragte Herr Pohl mit einem listigen Funkeln in den Augen.

„Meine Güte, das ist ja eine Überraschung! Kommen Sie herein! Herzlich willkommen. Heinz, mein Lieber. Kommen Sie, kommen Sie.“

Heide holte noch schnell zwei Gedecke und alsbald saß die Runde gemütlich um den Kaffeetisch und ließ sich Heides selbst gemachten Kuchen schmecken.

„Wir sind freilich nicht gekommen, nur um uns zu vergewissern, dass Sie backen können“, lächelte Pohl. „Aber ich habe Ihnen ja versprochen, Sie zu unterrichten, sobald wir Fakten haben, und die haben wir jetzt.“

Er berichtete, dass der DNA-Abgleich zwischen dem Toten und Frau Miller ergeben hatte, dass Heides Vermutung völlig richtig gewesen war. Der Tote unter St. Johannis war ein Verwandter von Frau Miller und mit an Sicherheit grenzender Wahrscheinlichkeit ihr Großonkel Heinrich Cohn. Frau Miller sei dann kurz entschlossen herübergeflogen, um selbst in Augenschein zu nehmen, wie ihr letzter Blutsverwandter zu Tode gekommen war.

Heide fand Frau Miller gleich sympathisch und da die beiden so ziemlich im gleichen Alter waren, fanden sie sehr schnell und sehr amerikanisch zu einem vertrauten Du. Regina, die gar nicht mehr aufhören wollte, sich für Heides Hilfe bei der Suche nach ihren Verwandten zu bedanken, war eine typische Amerikanerin, sehr gut, wenn auch ein bisschen zu jugendlich, gekleidet, mit fabelhafter Figur, sehr gekonnt, wenn auch ein bisschen zu üppig, geschminkt, sehr vornehm, wenn auch ein bisschen zu blaustichig, frisiert und unaufhörlich redend, immer mit breitem, viele sehr weiße Zähne zeigendem Lächeln, teils deutsch, teils amerikanisch, wobei sie einzelne Wörter, wie mit Ausrufezeichen versehen, hervorhob. „Wie du den Schluss gezogen hast, simply genial. Der Küster von St. Johannis! Such a lovely man, hat meinen Onkel retten wollen und musste selber sterben in this dreadful war! Diese Schicksale! Einfach grauenhaft!"

„Ja", klinkte sich hier Herr Pohl in den Redestrom ein und zog ein kleines Notizbuch zu Rate.

„Es geht aus den Aufzeichnungen von Heinrich Cohn hervor, dass der Küster ihm ein Versteck anbot, als die Lebensbedingungen für Juden immer schlechter wurden und die ersten Transporte in Sammellager erfolgten. Er oder seine Tochter Gertrud versorgten ihn mit Nachrichten und Lebensmitteln. Wie sie das mit den kärglich bemessenen Lebensmittelkarten bewerkstelligt haben, ist mir ein Rätsel! Allerdings schreibt Heinrich Cohn, dass der Domkapitular, von der anderen Seite aus dem Dom kommend, so manchen Abend mit ihm verbracht und immer Tabak oder etwas Essbares, manchmal sogar ein gutes Tröpfchen Wein mitgebracht habe. Er berichtet auch, dass er erfuhr, wie seine Schwester und sein Schwager, die sich geweigert hatten, mit ihm zu gehen, abgeholt worden sind und wie er für sie beten würde, weil er sicher gewesen sei, sie nie wiederzusehen. Aber das eigentlich Überraschendste berichtet Cohn vom September 41. Eines Abends kommt sein Freund, der Küster, mit einem Besucher. Man muss sich die maßlose Überraschung vorstellen, als Heinrich Cohn erkennt, der Besucher ist niemand anderer als sein Neffe Leo Mannheimer!"

„Nein", rief Heide in höchstem Erstaunen. „Der reiste doch im Frühjahr 38 nach Frankreich, um sich von dort nach Amerika einzuschiffen! Dazu ist es also nicht gekommen. Erzählen Sie: Hat Cohn berichtet, warum und wie Leo zurück nach Mainz kam?"

„Ja“, setzte Herr Pohl seine Geschichte fort. „Leo war im Juni 38 in Paris eingetroffen und hatte schnell in den Emigrantenkreisen Anschluss gefunden. An Ausreise war nicht zu denken, weil seine Auswanderungspapiere von Frankreich aus ungültig waren. Für neue Papiere und ein Ticket fehlte ihm das Geld und außerdem fühlte er sich in Paris, zumindest zu Anfang, wohl, sicher und geborgen. Auch wenn er nur schlecht bezahlte Aushilfsarbeiten in der Redaktion der Emigrantenzeitung fand, war er doch in seiner winzigen Dachkammer sicher und fühlte sich bald heimisch und zufrieden. Auch nach Ausbruch des Krieges ging das Leben in Paris relativ ruhig weiter. Als jedoch im Mai 40 nach dem langen ‚Sitzkrieg‘ der plötzliche Überfall der Deutschen nach Westen begann, änderte sich alles. Mit dem deutschen Einmarsch in Belgien und den Niederlanden, dem Umgehen der Maginot-Linie, den belgischen und französischen Niederlagen und dem bedrohlich auf Paris anrückenden deutschen Heer wurde die Lage der Emigranten von Tag zu Tag brenzliger.

Leo entschied sich nach langem Zögern, zurück nach Mainz zu flüchten, um in bekannter Umgebung und in der Nähe von Verwandten und Freunden wieder Fuß zu fassen oder sich, falls nicht anders möglich, zu verstecken. Mit Zug und per Anhalter, mit dem Auto oder Lastwagen, manchmal nachts marschierend, tagsüber in einem Versteck schlafend, bewegte er sich stetig nach Osten. Im Juni 1940, als er in einem Heuschober in der Nähe von Gelucourt im Lothringischen schlief, wurde er unsanft von einer deutschen Patrouille geweckt. Er gab sich als Elsässer aus, der seine Papiere verloren habe. Im Lager Dieuze, in dem er mit 10 000 gefangenen Franzosen landete, brachte er mehr als ein Jahr zu. Im Juli 41 traf er zu seiner großen Freude einen Schulfreund aus Mainz, der inzwischen Leutnant der deutschen Wehrmacht geworden war und im Lager Dienst tat und der ihm mit viel Umsicht und Wagemut zur Flucht aus dem Lager und über die Grenze verhalf.

Die Strecke von Kehl bis Mainz legte er auf abenteuerliche Weise zurück, irrte dann durch seine Heimatstadt Mainz, wo er keinen seiner Angehörigen mehr fand, und fragte sich in seiner Not schließlich zur Familie Sacher durch, weil er wusste, dass Gertrud Sacher vor Kriegsausbruch loyal zu ihrer Freundin, seiner Schwester Bertha, gestanden hatte.

Herr Sacher versteckte auch Leo in den unterirdischen Gewölben der Kirche. Heinrich Cohn berichtet von seiner Freude, den jungen Mann um sich zu haben, aber auch von seiner ständigen Sorge, weil Leo, im Gegensatz zu ihm selbst, ständig ihren Unterschlupf verließ und mit seinen in Dieuze ausgestellten arisch-elsässischen Papieren in Mainz herumstromerte."

„So", setzte Herr Pohl seine Geschichte fort, „muss es auch zugegangen sein, dass Leo nicht wie sein Onkel verschüttet wurde, sondern durch den Domausgang dem Luftangriff und dem damit verbundenen Einsturz entgangen ist."

„Aber was ist denn mit den Kratzspuren, die die Archäologen auf der Domseite des Einganges zur Unterkirche fanden?", fragte Heide.

„Ja, richtig. Leo muss nach Einsturz der Johanniskirche vom Dom aus versucht haben, in die Unterkirche zu gelangen, um seinen Onkel zu retten. Dies ist ihm jedoch nicht gelungen. Es ist aber möglich, dass er selbst in diesem Teil des Gewölbes den Krieg überstanden hat. Denken Sie nur an den Domkapitular. Der hat sich sicher um Leo gekümmert."

„Wahnsinn! Was für eine Geschichte!", staunte Heide.

„Was wohl aus ihm geworden ist?“, sinnierte Heinz.

„Herr Pohl promised, seinem Schicksal nachzugehen“, warf Regina atemlos ein.

„Sobald alle Papiere ausgewertet sind, sehen wir weiter“, bestätigte der Kriminalrat.

Sie diskutierten noch einige Zeit, erwogen und verwarfen die eine oder andere Möglichkeit und, nachdem die Dunkelheit längst eingesetzt hatte, brachen die Besucher auf.

In den nächsten Tagen hielt der Frühling mit Riesenschritten Einzug. Die Temperaturen stiegen von um die 0 Grad schlagartig auf 16-18 Grad, die Sonne schien vom wolkenlosen Himmel, die Amseln begrüßten die Wärme und die Helligkeit, als wollten sie noch in dieser Minute für Nachwuchs sorgen. Die letzten Schneereste verschwanden, die Pfützen trockneten und es schien, als ob über Nacht zarte Grasspitzen am Straßenrand emporschössen.

Anfang März klingelte an einem Donnerstagmorgen bereits kurz nach 8 Uhr das Telefon bei Heide. Sie war gerade von ihrem Morgenspaziergang nach Hause gekommen und wunderte sich, wer wohl um diese Zeit schon etwas von ihr wollte. Auf der anderen Seite wussten wohl alle ihre Freunde und Bekannten, dass Heide am besten morgens zu erreichen war, weil sie abends meist so mut- und antriebslos war, dass sie oft nicht einmal ans Telefon ging.

Heide hob ab. An der anderen Seite war ein völlig aufgelöster und atemloser Hausmeister Jakob.

VII.

Noch eine Leiche und Heide unter Verdacht

Kriminalrat Pohl saß an seinem Schreibtisch und blickte gequält den Aktenstoß auf der rechten Tischhälfte an, die immer für die zu erledigenden Vorgänge reserviert war. Ein Blick auf seine Uhr zeigte ihm, dass er sein Versprechen wieder nicht würde halten können. Zu seinem 62. Geburtstag vor drei Wochen hatte er seiner Frau versprechen müssen, in seinem letzten Dienstjahr die achtstündige Dienstzeit pro Tag einzuhalten. Aber jetzt war es bereits 18.30 Uhr und ein Ende seines Arbeitstages war nicht abzusehen. Also rief er schweren Herzens zu Hause an, um seiner Frau Roswitha zum x-ten Male zu erklären, wie unmöglich es für ihn sei, in der derzeitigen Lage sein Versprechen einzuhalten.

„Aber dein amerikanischer Besuch ist doch wieder weg! Du hast mir doch erzählt, dass die Dame endlich abgereist ist." Pohl hörte einen Hauch von Unduldsamkeit in der Stimme seiner Frau. Nach einer Pause, in der er nicht antwortete, fuhr sie fort: „Und der Hund muss auch noch seinen Spaziergang haben. Außerdem, mein lieber Karl, hast du versprochen, nach meinem Auto zu sehen. Du weißt doch, dass ich es brauche. Das rote Lämpchen am Armaturenbrett blinkt immer noch, wenn ich den Wagen anlasse!"

„Ja, Roswitha, ja, ich weiß. Ich mache alles wieder gut! Nur heute Abend kann ich nicht weg. Ich muss das noch fertigmachen."

„Das sagst du immer. Lass es doch einfach liegen. Morgen ist auch noch ein Tag. Du hast es versprochen!"

Widerwillig stimmte er ihr zu und versprach, nur noch die eine Sache zu Ende zu bringen und dann nach Hause zu kommen. Er nahm die inzwischen ziemlich umfangreiche Akte über den Fall Johanniskirche in die Hand und blätterte schnell noch einmal die Ergebnisse der Pathologen und der Denkmalpflege durch. So weit war das alles klar. Bis zur vollständigen Aufklärung fehlte eigentlich nur der Verbleib von Leo Mannheimer und damit verbunden der Name des hilfreichen Domkapitulars, der als Einziger wohl über den Verbleib von Leo Auskunft geben konnte. Allerdings war dieser noch unbekannte geistliche Herr sicherlich inzwischen tot. Außerdem, war das eigentlich seine Aufgabe? Pohl musste sich selbst eingestehen, dass dieses Detail nichts mit der Aufklärung des Todesfalls in der Unterkirche von St. Johannis zu tun hatte und nur sein eigener Hang zum Perfektionismus ihn zögern ließ, den Fall abzuschließen.

Doch nagte an ihm noch eine andere Kleinigkeit. Das Auftauchen und erneute Verschwinden der alten Bücher. Im Laufe der Jahre hatte er einen siebten Sinn entwickelt, der sich durch Magengrimmen bemerkbar machte. Seine Erfahrung hatte ihn gelehrt, dieses Kribbeln nicht zu unterschätzen. Immer wieder hatte er dieses Phänomen an sich beobachtet. Er konnte förmlich riechen, dass an der Sache mit den Büchern etwas Wahres im Hintergrund verborgen war. Und er kannte sich gut genug, um zu wissen, dass dieses Nagen erst aufhören würde, wenn er alles getan hatte, was menschenmöglich war, um das Geheimnis zu lüften.

Aber er wollte systematisch vorgehen. Das Fortkommen von Leo Mannheimer war wirklich weder seine Aufgabe noch die seiner Dienststelle. Konnte er privat einen Auftrag zur Suche des verschollenen jungen Mannes geben? Und wenn ja, wem konnte er diese Suche anvertrauen? Sofort schoss ihm die neugierige aber augenscheinlich gründlich arbeitende Frau Freber durch den Kopf. Ja, das wollte er versuchen. Gleich morgen würde er sie anrufen. Allerdings müsste sie sich unbedingt darüber im Klaren sein, dass es sich hierbei um eine persönliche und außerdienstliche Gefälligkeit handeln würde. Und dann war da ja auch noch dieser merkwürdige Besuch von einer Frau Jutta Berger, die sich so auffallend interessiert beiläufig nach Frau Freber erkundigt hatte. Sie hatte ihren Besuch damit begründet, dass sie als Vertreterin des Stadtarchivs ein berechtigtes Interesse an möglichen Bücherfunden aus dem Mittelalter dieser Stadt habe. „Die AZ berichtete darüber", erklärte sie. „Herr Pohl, wenn an der Sache etwas ist, sind wir ja wohl die Ersten, die davon erfahren sollten." Auch das Rätsel um das Interesse von Frau Berger, berechtigt oder nicht, musste noch gelöst werden. Fragen über Fragen. Sinnend schaute er aus dem Fenster, ohne zu sehen, dass eine nebelige Dunkelheit inzwischen die Lichter der Stadt nur noch verschwommen glimmen ließ.

Konzentrier dich, Karl Pohl, rief er sich selbst zur Ordnung. Ja, morgen würde er Frau Freber fragen, ob sie bereit sei, die Recherche im Domkapitel fortzusetzen und nach dem Helfer der jüdischen Familie zu forschen.

Das zweite Problem waren die Bücher. Wie sollte er hier mit seinem Unbehagen umgehen? Er suchte noch einmal die Hinweise aus der Zeitung heraus. Ja, hier war der Artikel. Er selbst hatte der Zeitung den Tipp gegeben in der Hoffnung, durch kenntnisreiche Zeitungsleser mehr zu erfahren. Die Information, dass das wertvolle Werk des Gerschom ben Jehuda, entstanden um die Jahrtausendwende, all die Jahrhunderte im Privatbesitz einer Mainzer Familie und in den für Juden so liberalen Jahren des 19. Jahrhunderts in die jüdische Bibliothek gelangt sein könnte, stammte von einem Historiker aus dem Landesmuseum. Dieser berief sich auf den wertvollen Schatzfund, der in einem alten Haus in der Schusterstraße im mittelalterlichen Judenviertel 1880 durch Zufall entdeckt worden war. Berühmt war dieser Schatz durch die Adlerfibel, die mit großer Wahrscheinlichkeit aus dem Besitz der Kaiserin Agnes stammte, die 1043 als Gemahlin Kaiser Heinrichs III. in Mainz gekrönt worden war. Andere Quellen wiederum datierten die Fibel aus stilistischen Gründen etwas früher, nämlich in die ottonische Zeit zwischen 980 und 1000. Aber da sie in Mainz im ehemaligen Judenviertel gefunden worden war, musste sie wohl mit Mainz und mit den Mainzer Juden in Zusammenhang gebracht werden. Sein Informant hatte Pohl auch darauf hingewiesen, dass der Schatz, bestehend aus Schmuckstücken und Münzen, bei Kanalarbeiten im Kellergewölbe des besagten Hauses in der Schusterstraße in einer relativ großen, eisenbeschlagenen Mahagonitruhe aus dem späten Mittelalter zutage gefördert worden war.

Die Schmuckstücke seien dann auf verschlungenen Wegen dem preußischen Kaiser Wilhelm übergeben worden. Die Truhe selbst blieb verschollen. Gerüchte besagten jedoch, dass sie neben dem frühmittelalterlichen Schmuck auch Schriftwerke enthalten hätte, unter anderem eben jenes bedeutende Werk des Gerschom ben Jehuda. Sollte dieses unschätzbar wertvolle schriftliche Zeugnis jüdischer Gelehrsamkeit doch wieder aufgetaucht sein, aus der brennenden Mainzer Synagoge 1938 gerettet und in den Gewölben der Johanniskirche mit seinem Retter versteckt worden sein? Aber wo war es dann? Hätte Leo darüber Auskunft geben können, falls er den Krieg überlebt hätte? Und warum fand sich kein eindeutiger Hinweis in dem Tagebuch von Heinrich Cohn?

Pohl blätterte in den Übersetzungen der Aufzeichnungen

des unglücklichen Toten. Ja, hier stand es: „Die beiden Bücher, die ich durch Gottes Fügung an dem verhängnisvollen 11. November den Flammen entreißen konnte, bewahre ich als meinen und der Menschheit größten Schatz in einer versteckten Nische des Ganges auf. Ich wage nicht, sie in die ehemalige christliche Unterkirche, in der ich auf das Ende des Schreckens warte, zu bringen. Zu groß ist meine Angst, ein Sakrileg zu begehen. Trotzdem bieten diese Bücher, die ich im Schein einer Kerze im Gang stehend lese, den höchsten Trost und die weiteste Ablenkung von der misslichen Lage, in der sich mein Volk befindet."

Pohl sann eine Weile über diese Zeilen nach. Dann riss er sich entschieden aus seinen Gedanken und beschloss, seine Untersuchungen für den heutigen Abend ruhen zu lassen und am nächsten Tag mit frischen Kräften fortzusetzen.

Heide Freber horchte auf. Was war in den sonst so besonnenen Hausmeister gefahren?

„Nun beruhigen Sie sich doch, Herr Jakob, was ist denn los?", fragte sie und presste den Telefonhörer an ihr Ohr, um aus dem Gestammel am anderen Ende der Leitung schlau zu werden.

„Mein Gott, Frau Freber, die Pfarrerin ist doch nicht da und ich weiß wirklich nicht …"

„Ganz langsam, Herr Jakob. Was ist vorgefallen? Erzählen Sie mir, was Sie so aus der Bahn geworfen hat", versuchte Heide den verstörten Mann zu beruhigen.

„Hier liegt eine T o t e ! Mein Gott, das ganze Blut! Branko, aus! B r a n k o ! Der Hund leckt immer an dem Blut! Was soll ich bloß machen?"

Er atmete schwer, schien beinahe zu schluchzen.

„Wie bitte?? Was erzählen Sie da? Ein Toter? Wo?"

„Frau Freber, es ist eine Frau. Hier in der Kirche. Was soll ich denn jetzt tun? Branko!“

„Herr Jakob, bleiben Sie ganz ruhig. Ist sonst noch jemand in der Kirche?“

„Nein, ich bin ganz allein. Was mach ich denn jetzt? Als ich eben die Kirche aufsperrte, hakte der Schlüssel so komisch und der Hund benahm sich so eigenartig. Und als ich das Licht angemacht habe, sah ich es. Mitten im Gang. Sie liegt da.“

„Sind Sie sicher, dass sie tot ist?“

„Ja, ja, absolut! Was mach ich denn jetzt?“

„Eine Sekunde, Herr Jakob.“ Heide griff schnell zu ihrem Adressbuch und suchte die Nummer des Kriminalrats Pohl heraus. „Herr Jakob, Sie wählen jetzt diese Nummer und sagen Herrn Pohl von der Polizei genau das, was Sie mir eben erzählt haben. Sie fassen nichts an und warten. Ich komme sofort und Herr Pohl ist sicher auch ganz schnell da. Bleiben Sie ganz ruhig. Wir sind im Handumdrehen bei Ihnen!“

Damit legte Heide auf, griff ohne zu zögern nach ihrem Mantel, nahm das Adressbüchlein vom Telefontisch, langte nach ihrer Tasche und sauste in die Garage.

In wenigen Minuten war sie runter in die Stadt geflitzt. Dabei beachtete sie weder die Geschwindigkeitsbegrenzung noch schenkte sie der gleißenden Frühlingsmorgensonne irgendeine Beachtung. Gegen alle Verkehrsregeln verstoßend fuhr sie über Schillerplatz und die Lu zur Kirche und stellte ihr Auto auf den Platz vor dem Hintereingang der Kirche. Sie hastete mit langen Schritten um den Ostchor von St. Johannis und rüttelte an der Tür. Nichts geschah. In ihrer Nervosität polterte sie heftig mit der Faust an die Tür und rief laut den Namen des Hausmeisters. Ihr war bewusst, dass Herr Jakob die Kirchentür immer wieder zusperrte, wenn er morgens seinen Dienst antrat. Aber konnte er in der jetzigen Notsituation die Tür nicht einfach einmal offen lassen?

Während sie noch an das Portal hämmerte, kam schon ein Polizeiauto mit Blaulicht und Sirene die Johannisstraße heruntergefegt und hielt vor dem Portal. Zu Heides großer Erleichterung stieg Herr Pohl gefolgt von Herrn Schlenger aus dem Auto.

„Also, was ist hier los, Frau Freber?“, fragte er streng.

„Ich weiß nicht mehr als Sie“, stammelte diese leicht aufgelöst.

Da öffnete sich die Kirchentür und ein begeisterter Branko sprang schwanzwedelnd und freudig hechelnd an Frau Freber hoch. Hinter dem Hund erschien der Hausmeister, bleich wie ein Laken. Herr Pohl begrüßte ihn und trat mit ihm in die Kirche. Als Heide den Hund abgewehrt hatte und den beiden folgen wollte, wies Herr Pohl sie an, draußen zu bleiben.

„Am besten gehen Sie wieder nach Hause. Wenn ich Sie brauche, würde ich Sie gern telefonisch zu Hause erreichen“, sagte er bestimmt. Heide schaute hilfesuchend Herrn Schlenger an. Aber dieser schüttelte den Kopf und so blieb ihr nichts weiter übrig, als benommen zu ihrem Wagen zurückzukehren. Sie setzte sich in ihr Auto und wartete. Worauf, wusste sie selbst nicht zu sagen, aber allmählich beruhigten sich ihre Nerven und sie konnte wieder einen klaren Gedanken fassen. Mit einem Blick auf die Uhr stellte sie fest, dass es erst 8.45 Uhr war, also kaum eine halbe Stunde her, seit Herr Jakob sie zur Hilfe gerufen hatte, um ihr von dem schrecklichen Fund in der Kirche zu berichten.

Als sie sich noch einmal den Wortlaut des Telefongesprächs mit dem Hausmeister ins Gedächtnis zurückrief, brausten weitere Polizeiwagen mit laut heulenden Sirenen durch die Johannisstraße und kamen vor der Kirche zum Stehen. Polizisten stiegen aus und spannten ein Absperrband über Leichhof, Johannis- und Schöfferstraße. Ein Polizist bat die Taxifahrer in der Schöfferstraße weiter zum Markt vorzufahren, dann kam er auf Heide zu.

„Würden Sie bitte hier wegfahren", sagte er freundlich, aber bestimmt.

„Aber, aber ich …" Heide brach mitten in ihrer Widerrede ab, weil sie genau wusste, wie sinnlos ein solcher Protest war. Sie nickte kurz, ließ den Wagen an und fuhr davon. Eine Weile kurvte sie ziellos durch die Straßen, begab sich aber dann doch auf den Heimweg. Was sollte sie auch anderes tun? Auch wenn sie es als ungerecht empfand, von den Ereignissen ausgeschlossen zu werden, sagte ihr Verstand ihr, dass sie nun wirklich nicht das Anrecht hatte, in polizeiliche Ermittlungen eingebunden zu werden, zumal sie zu der Aufklärung des neuerlichen Verbrechens nichts, aber auch gar nichts beitragen konnte.

Zu Hause kochte sie sich die zweite Tasse Kaffee dieses Morgens und tröstete sich mit Semiramis, ihrer Katze, die, über die ungewohnte morgendliche Zuwendung erfreut, laut auf Heides Schoß schnurrte und sich die Streicheleinheiten mit Genuss gefallen ließ. Heide wartete. Bald schaltete sie das Radiogerät an, um Lokalnachrichten aufzuschnappen, bald wechselte sie zum Fernsehapparat. Dann wieder versuchte sie, sich in ein Buch zu vertiefen. Nichts lenkte sie ab. Weder erfuhr sie durch den Lokalsender etwas, noch rief Herr Pohl an. Sie selbst wagte nicht, das Telefon zu benützen, zu groß war ihre Sorge, einen Anruf von Herrn Pohl zu versäumen. Also ging sie in ihr Arbeitszimmer und setzte sich an ihren Computer, um wenigstens Heinz eine E-Mail zu schicken und ihn von dem neuesten schrecklichen Verbrechen in der Johanniskirche zu unterrichten. Als sie auf „senden“ klickte, sprang die Antwort mit einem albernen roten Fähnchen auf ihren Bildschirm und dem Hinweis: „Bin im Augenblick auf Dienstreise, am 6.3. zurück. Bis dahin bitte ich um Geduld.“

Also auch Essig, keine Unterstützung, dachte Heide ungehalten und in Warteposition. Endlich, um die Mittagszeit, klingelte das Telefon. Sie riss den Hörer ans Ohr und brüllte: „Jaaa!“

Mit einem befremdeten Ton in der Stimme sagte ihre Freundin Eva: „Hallo, meine Liebe, was ist denn mit dir los? Du klingst etwas eigenartig!“

„Eva, bist du's?“, fragte Heide zurück. „Eva, ich kann jetzt nicht sprechen und ich muss das Telefon freihalten. Bitte, entschuldige. Ich rufe dich heute Abend zurück. Versprochen.“

Damit warf sie den Hörer zurück auf die Gabel und saß weiterhin verzagt neben dem dämlichen Apparat, der nicht von dem ebenso dämlichen Pohl in Aktion versetzt wurde.

Endlich, nachmittags um 16.15 Uhr kam der ersehnte Anruf von der Polizei, nicht jedoch von Pohl, sondern von einer Kommissarin – den Namen konnte Heide nicht verstehen – mit ziemlich herrischer Stimme: „Sie melden sich bitte morgen früh, 8.15 Uhr, bei Herrn Kriminalrat Pohl. Bitte, seien Sie pünktlich und bringen Sie Ihre Ausweispapiere mit!“

Na, so was, dachte Heide, das ist ja ein ganz neuer Ton! Subalterne! Dann beruhigte sie sich wieder und wandte sich anderen Aufgaben zu. Sie musste unbedingt noch die im Isis-Heiligtum in der Mainzer Römerpassage übernommene Führung vorbereiten. Da war auch noch der Ausflug mit dem Rheingauer Kunstverein zur Salier-Ausstellung in Speyer im nächsten Monat zu organisieren.

Nach einer ziemlich unruhigen Nacht stand sie am nächsten Morgen, natürlich mit ihrem Personalausweis, um 8 Uhr an der Pförtnerloge des Polizeipräsidiums. Als der Wachhabende ihr Anliegen gehört hatte, bat er sie zu warten, sie werde gleich abgeholt.

Wenige Minuten danach geleitete sie ein junger Mann zum Fahrstuhl. „Ich finde meinen Weg von hier aus allein, danke", sagte Heide. „Ich war schon einmal bei Herrn Pohl."

„Ich habe den Auftrag, Sie direkt beim Herrn Kriminalrat abzuliefern. Bitte kommen Sie", antwortete der junge Beamte. Heide hatte zum zweiten Mal nach dem gestrigen Anruf das bedrückende Gefühl, etwas Unrechtes getan zu haben. Sie überlegte krampfhaft, was sie falsch gemacht haben könnte, aber es fiel ihr nichts dazu ein. Sie schimpfte sich innerlich eine dumme Gans und folgte mit bewusst beherzten Schritten dem jungen Mann den Flur entlang zu Herrn Pohls Zimmer. Ihr Begleiter klopfte, gebot ihr zu warten und verschwand im Büro des Kriminalrats. Nach wenigen Augenblicken kam er wieder heraus und sagte: „Sie können jetzt eintreten." Er hielt ihr die Tür auf, und als sie im Zimmer stand, schloss er sie behutsam von außen.

Heide, die sich zwang, ein harmloses und freundliches Lächeln aufzusetzen, schritt auf den Schreibtisch am anderen Ende des Büros zu, hinter dem Herr Pohl vor einem Aktenstapel saß und las. Ohne aufzublicken, wies er mit einer Handbewegung auf den Stuhl vor seinem Schreibtisch. Heide setzte sich beklommen. Jetzt musterte sie der Polizist mit einem strengen Blick aus harten, grauen Augen. Das war ja ein ganz neuer Pohl! Nichts war mehr da von der freundlichen und verbindlichen Art, die sie bislang von ihm gewohnt war.

Mit einer strengen und hart akzentuierten Stimme, aus der die Autorität polizeilicher Überlegenheit sprach, fragte er: „So, Frau Freber, was haben Sie mir zu sagen?"

Heide war verblüfft. Fragend schaute sie ihr Gegenüber an und schüttelte dann den Kopf. „Wozu zu sagen? Was ist denn los?" Wieder stieg das beklemmende Gefühl der Unsicherheit in ihr auf. Gewaltsam riss sie sich zusammen und schaute Herrn Pohl direkt in die Augen. „Wovon reden Sie? Wozu soll ich mich äußern?"

Immer noch mit der gleichen autoritären Strenge antwortete der Kriminalrat: „Was wissen Sie von Frau Berger?"

Heide war verwirrt. „Von wem? Wer ist das?"

„Das wissen Sie doch ganz genau, Frau Freber!" Herr Pohl musterte sie eindringlich. „Wir sprechen von Jutta Berger."

„Die kenne ich nicht, wer soll das sein?"

Heide war ratlos. Herr Pohl, der sie immer noch aufmerksam und prüfend ansah, antwortete: „Das Mordopfer, Frau Freber, die Tote, die wir gestern Morgen in der Johanniskirche fanden!"

Heide war wie vom Donner gerührt! „Herr Pohl, wie können Sie vermuten, dass ich die Frau kenne!", rief sie empört. „Sie selbst haben mir doch den Eintritt in die Kirche verweigert. Ich weiß doch gar nichts über den Mord. Und eine Frau mit dem Namen Jutta – wie war das noch? – kenne ich auch nicht!" Aufrichtige Entrüstung schwang in ihrer Stimme mit.

Pohl maß sie nach wie vor mit abschätzendem Blick und setzte dann nach: „Und wieso kennt oder besser, kannte Frau Berger Sie?"

„Das weiß ich doch nicht. Wie können Sie denn behaupten, die Frau kannte mich! Sie haben doch eben gesagt, sie sei das Opfer! Ist sie denn gar nicht tot?"

„Doch, sie ist tot. Und ich behaupte nicht, dass sie Sie kannte. Ich weiß es. Sie hat es mir selbst gesagt."

Jetzt war Heide völlig verunsichert. „Sie hat es Ihnen gesagt?", stammelte sie und ein ausgesprochen unbehagliches Gefühl klumpte sich in ihrem Bauch zusammen. „Wie sieht sie denn aus? Vielleicht habe ich nur den Namen vergessen. Das passiert mir manchmal. Aber meistens erinnere ich mich an Gesichter."

Herr Pohl schob die Unterlagen auf der Tischplatte auseinander und zog mehrere Fotos aus einem Ordner, die er vor Heide ausbreitete. Auf einem der Fotos war eine grotesk verkrümmte Frau zu sehen, die offensichtlich tot in einer großen Blutlache vor den Bankreihen von St. Johannis lag. Der eine Arm schaute verdreht und halb verdeckt unter dem auf der Seite liegenden Oberkörper der Frau hervor. Der untere Teil der Frau lag auf dem Bauch, die Beine wie im Lauf gefallen, weit von sich gestreckt. Das Gesicht war, unter wirren, halblangen blonden Haaren fast versteckt, zum Ausgang gewandt. Sie trug dunkle Hosen und eine dunkelblaue Windjacke. Das zweite Foto zeigte offensichtlich die gleiche Frau auf einer Bahre, dieses Mal unbekleidet, aber bis zu den Schultern zugedeckt mit einem dunkelgrünen Tuch. Heide war zu geschockt, sich die anderen Bilder zu betrachten. Mit trockener Kehle würgte sie heraus: „Nein, kenne ich nicht!"

Sie schob die Fotos von sich weg und setzte sich aufrecht hin. „Nein, Herr Pohl, die Frau kenne ich nicht. Wenn sie Ihnen erzählt hat, mich zu kennen, ist das schon möglich. Ich bin früher häufiger in der Öffentlichkeit aufgetreten und habe vor Leuten gesprochen, die ich nicht immer persönlich kannte. Daher kann sie mich durchaus gekannt haben. Aber ich eben nicht sie."

Pohl, der sie die ganze Zeit über nicht aus den Augen gelassen hatte, schob ihr noch einmal das Foto mit der Toten auf der Bahre zu. „Schauen Sie noch einmal genau hin und lassen Sie sich Zeit."

Heide nahm widerstrebend das Foto ein zweites Mal in die Hand und versuchte ihre Nervosität in den Griff zu bekommen. Irgendwie kam die Frau ihr doch vage bekannt vor. Aber wer war sie? Zweifelnd versuchte sie, sich zu erinnern, ob und wenn ja, wo sie dieses unglückliche Opfer schon einmal gesehen hatte. Nein, sie musste sich irren. Sie legte das Foto wieder zu den anderen und schüttelte den Kopf.

Pohl, der sie aufmerksam beobachtet hatte, sagte: „Na, dämmert es? Ja, es ist die Archivarin aus dem Stadtarchiv. Die, die Ihnen kurz vor Weihnachten geholfen hat, die Adresse des Küsters von St. Johannis in den Dreißigerjahren des vorigen Jahrhunderts herauszusuchen!"

„Ja, mein Gott, ja, das stimmt! Das ist sie. Und die ist gestern Morgen tot in St. Johannis aufgefunden worden? Warum? Wie? Was hat das alles zu bedeuten?" Heide war außer sich.

„Das will ich ja gerade von Ihnen wissen", antwortete Pohl streng. „Was haben Sie Frau Berger denn erzählt?"

Heide sah ihn entgeistert an. „Das weiß ich nicht mehr. Ich weiß, wir unterhielten uns eine Weile. Aber wie weit ich ihr erzählt habe, wofür ich die Adresse des Küsters Sacher suchte, weiß ich doch jetzt nicht mehr!"

Selbst in ihren eigenen Ohren hörte sich dieses Gestammel nicht sehr überzeugend an. Aber sie konnte sich wirklich nicht erinnern. Hatte sie mehr gesagt, als dass sie die Adresse der Familie Sacher im Zusammenhang mit einer Anfrage um den Verbleib einer jüdischen Mainzer Familie in der Zeit vor und während des Zweiten Weltkrieges suchte? Sie konnte sich wirklich nicht daran erinnern. Aber möglich wäre es freilich gewesen. Heide wusste von sich, dass sie zur Offenheit neigte. Und sie erinnerte sich auch, dass die Archivarin ausgesprochen hilfsbereit und nett gewesen war und dass sie sich sehr bemüht hatte, was ja dann auch schnell zum Erfolg geführt hatte. Dunkel erinnerte sich Heide, wie sie unter anderem über die Dissertation der Archivarin gesprochen hatten, die auch irgendwie mit jüdischer Vergangenheit, genau wusste Heide es nicht mehr, zu tun gehabt hatte. Möglich war es also, dass sie Frau Berger mehr über die Angelegenheit der Familie Mannheimer erzählt hatte.

Der Kriminalrat sah, dass er im Augenblick mit Frau Freber nicht weiterkommen würde. „Also gut, Frau Freber. Lassen wir es jetzt erst einmal gut sein. Aber ich bitte Sie, sich zu unserer Verfügung zu halten, bis wir den Fall aufgeklärt haben. Verlassen Sie Mainz also nicht, ohne uns vorher davon in Kenntnis zu setzen." Er sah ihren erstaunten und missmutigen Blick und fügte hinzu: „Wir müssen klären, inwieweit Sie in die Angelegenheit verwickelt sind, und ich hätte gern Ihre Fingerabdrücke. Das machen wir gleich."

Heide protestierte: „Sagen Sie mal, Herr Pohl, haben Sie mich etwa in Verdacht, mit dem Tod dieser armen Frau etwas zu tun zu haben? Das ist doch absolut lächerlich!" Forschend betrachtete sie seinen Gesichtsausdruck. Aber nirgends sah sie auch nur einen Hauch von Milde oder wenigstens etwas von der freundlichen Verbindlichkeit, die sie in den vorangegangenen Treffen mit ihm so anziehend gefunden hatte.

„Nun, Frau Freber, ganz überzeugend ist Ihre Vorstellung hier nicht! Um ehrlich zu sein, fällt es mir schwer, Sie als absolut zufällige Randfigur in dieser Mordsache zu sehen. Zumal Sie, wie Sie mir berichteten, Frühaufsteherin sind und für die Tatzeit, Montagmorgen zwischen 5 und 7 Uhr, kein Alibi haben", meinte Pohl achselzuckend.

„Aber ich weiß doch absolut nichts von Frau Berger! Ich weiß doch nicht einmal, wie sie zu Tode kam!“, widersprach Heide. Der Kriminalrat maß sie mit einem strengen Blick, sagte aber nichts darauf, stand auf und hielt ihr die Tür auf. Es blieb ihr nichts anderes übrig, als zu gehen.

Pohl übergab sie einem Beamten im Nebenzimmer, der sie ins kriminaltechnische Labor geleitete, wo man ihre Fingerabdrücke nahm. Heide konnte das alles überhaupt nicht glauben. Wie oft hatte sie diese Prozedur schon im Fernsehen gesehen. Aber dass sie einmal selbst in diese Lage kommen würde, hatte sie in ihren schlimmsten Träumen nicht erwartet. Das Zeug, das sie an den Fingerkuppen hatte, ging tatsächlich so schwer ab, wie sie es immer im Film gesehen hatte. Aber sie zwang sich, keine der albernen Bemerkungen, die an dieser Stelle in den Krimis üblich waren, zu wiederholen. Also wischte sie stumm ihre Finger sauber, so gut es ging. Sie beantwortete widerwillig und genervt einige Fragen zu ihrer Person und zu ihrem Aufenthalt während der Tatzeit und war sehr erleichtert, als sie sich verabschieden konnte.

Ziemlich bedrückt verließ sie das Polizeipräsidium und machte sich auf den Heimweg. Was sollte sie nur tun? Was konnte sie tun? Würde ihr irgendjemand glauben, dass sie nicht das Geringste mit dem Mord zu tun hatte? An wen sollte sie sich wenden? Konnte sie allein etwas ausrichten? Musste sie etwa auf Verbrecherjagd gehen, um ihre Unschuld zu beweisen? Oder sah sie die Gespräche mit der Polizei zu schwarz und sie war nicht wirklich in Verdacht? Ziemlich benommen ging sie nach Hause, um sich erst einmal zu sammeln und einen klaren Kopf zu bekommen.

Zu Hause zog sie, wie es ihre Gewohnheit war, ihre Stadtkleidung aus und schlüpfte in ihre bequemen Freizeitklamotten. Dann hob sie Semiramis hoch, die sofort laut wie eine gut geschmierte Zugmaschine zu schnurren begann und sich tröstend in ihren Arm kuschelte. „Was mache ich nur, Semiramis?“, fragte sie die Katze. „Jetzt bin ich so alt geworden und bin völlig fertig, weil ich zum ersten Mal in meinem Leben unter Verdacht stehe, in ein Kapitalverbrechen verwickelt zu sein! Was mache ich nur?“

Semiramis kniff die Augen nach typischer Katzenart zusammen und schien noch lauter zu schnurren. Vielleicht hast du recht, Katze. Vielleicht sollte ich auch die Augen vor all dem Ungewissen und Unerfreulichen verschließen und einfach mit meinem Leben weitermachen!

Ja, dachte sie, es wäre sicher das Dümmste, was sie tun könnte, jetzt in Panik zu verfallen und hektische Aktivität zu entfalten. Vor allem, weil sie doch gar nicht wusste, wo sie ansetzen sollte. Also würde sie sich jetzt noch einmal kurz auf ihr Skriptum zur Ausstellung im Isis-Heiligtum konzentrieren und dann die verabredete Führung durchführen.

Um 14.30 Uhr verließ sie, angezogen mit dem schwarzen T-Shirt, das das Logo der Initiative Römisches Mainz trug, das Haus. Obwohl die Sonne immer noch wie gestern vom wolkenlosen Himmel schien, heute noch viel wärmer und viel zu warm für die Jahreszeit, hatte sie die blaue Windjacke übergezogen, um nicht wie ein Werbeplakat für die IRM durch die Stadt zu radeln. Viertel vor drei kam sie an. Heute, so teilte ihr Frau Dahlheimer vom Empfang mit, war eine Damengruppe in die Geheimnisse kultischer Handlungen in Mainz während der Römerzeit einzuführen. „Also ist das heute das ‚Nerzchen-Programm‘, wie mein verstorbener Mann es immer despektierlich nannte, wenn die Ehefrauen einer Herrengruppe auf Ausflug zu unterhalten sind.“

„Ja“, erwiderte Frau Dahlheimer, „so kann man das nennen. Und da kommen sie schon.“ Etwa fünfzehn Frauen, elegant und teuer gekleidet, betraten, sich angeregt unterhaltend, die Taberna.

„Verehrte Damen, darf ich Sie gleich nach unten bitten?“, machte Heide sich bemerkbar. „Souvenirs und Literatur können Sie nach der Führung gezielt aussuchen, wenn Sie das eine oder andere über das römische Mainz erfahren haben.“

Die Damen folgten ihr bereitwillig aber immer noch lachend und schwatzend in das Untergeschoss, in dem die Reste des Heiligtums für Isis und Mater Magna ausgestellt waren. Heide führte die Damengruppe herum, erzählte von den Anfängen römischer Herrschaft im Rheinland, von Mainz als römischer Provinzhauptstadt von Germania Superior, vom Isis-Kult und der Mater Magna-Verehrung. Sie wies auf die Besonderheit der Verwünschungstäfelchen hin und erntete so manchen erstaunten und belustigten Ausruf, als sie von den oft recht deftig ausgedrückten Wünschen und drastischen Verwünschungen auf den Bleitäfelchen berichtete. Im Fluge war die vorgegebene Zeitspanne von einer Stunde vergangen und die Damen verließen befriedigt das Heiligtum.

Heide hatte noch weitere zwei Stunden Besucherbetreuung zu absolvieren. Aber auch diese Stunden gingen überraschend schnell vorbei, weil eine Reihe von interessierten Fragen zu beantworten war und weil so mancher Besucher für den einen oder anderen Hinweis dankbar schien. Während der ganzen Zeit hatte sie jedoch das nagende Gefühl, im Visier der Polizei zu stehen, nicht wirklich verlassen und sie war froh, sich wieder auf ihr Rad zu schwingen, um mit sich in Ruhe über die missliche Lage, in der sie sich befand, ins Reine zu kommen.

Auf dem Heimweg fiel ihr siedend heiß ein, dass sie vergessen hatte, gestern Abend ihre Freundin Eva zurückzurufen. Zu Hause angekommen, holte sie dieses Versäumnis sofort nach und erzählte der Freundin die ganze unerfreuliche und makabre Geschichte.

„Das ist ja schrecklich!“, war Evas Reaktion. „Meinst du, die können dir was?“

„Das weiß ich nicht. Im Augenblick scheinen sie mich wirklich in Verdacht zu haben. Aber ich bin überzeugt, über kurz oder lang werden sie mir glauben, dass ich nicht die geringste Ahnung habe, was da passiert ist. Ich kann mir auch überhaupt nicht vorstellen, dass diese Frau Berger wegen der längst verjährten Judengeschichte ermordet worden ist. Die Polizei wird sicher etwas in ihrem Leben finden, was gar nichts mit der Nazivergangenheit zu tun hat und was dann zu ihrem gewaltsamen Tod geführt hat.“

„Na ja, das kann schon sein. Aber denk doch noch einmal nach, was du mit der Frau geredet hast!“

„Meinst du, ich hätte mir seit heute Morgen darüber nicht immer wieder den Kopf zerbrochen, Eva. Ich weiß es einfach nicht mehr. Es ist schon möglich, dass ich ihr die Lebensgeschichte der kleinen Bertha Mannheimer erzählte. Aber ich weiß nicht mehr, wie detailliert ich geworden bin und wie weit ich glaubte, sie müsse die Zusammenhänge kennen, um mir die alten Akten herauszusuchen, beziehungsweise die Adressdatei der Dreißiger- und Vierzigerjahre im PC zu befragen.“

„Dann hast du ihr sicher auch von diesem Onkel erzählt und möglicherweise von den Büchern. Ich kenne dich doch. Du bist immer ganz fasziniert, wenn es um geschichtliche Geheimnisse geht, besonders, wenn sie mit alten Büchern in Zusammenhang stehen. Und dann, liebe Heide, bist du, mit Verlaub gesagt, auch ziemlich redselig!“

„Oh weh, Eva. Ist das wahr? Ich halte mich eigentlich für eine verschwiegene Person!"

„Jetzt sei nicht gleich pikiert. Ich will damit nicht sagen, dass du eine Klatschbase bist oder Geheimnisse rumtratschst. Was ich sagen will, ist, wenn du auf etwas geschichtlich Interessantes triffst, lässt du andere sehr gerne an diesen Geschehnissen teilhaben. Deswegen mögen die Leute es ja auch, wenn du sie in der Stadt, in Kirchen oder im Isis-Heiligtum herumführst."

„Ja, da ist etwas dran. Vielleicht habe ich wirklich mehr gesagt, als ich musste, um die Unterstützung der Archivarin zu bekommen. Aber dass sie deswegen ermordet wurde, will und kann ich nicht glauben."

Sie argumentierten noch eine Weile hin und her und beendeten mit Heides Versprechen, Eva auf dem Laufenden zu halten, ihr Telefonat.

Karl Pohl saß grübelnd an seinem Schreibtisch und dachte über Heide Freber nach. Konnte diese kleine, agile Mittsechzigerin mit dem energischen Kinn und den sanften braunen Augen, die im merkwürdigen Kontrast zu dem Kinn standen, wirklich in den Mordfall „Johanniskirche", wie der Vorgang inzwischen hieß, verwickelt sein? Er traute es ihr eigentlich nicht zu. Aber traute man jemals einem sympathischen Menschen aus geordneten Verhältnissen einen Mord zu? Trotzdem hatte er schon mehrmals Verbrechen, ausgeführt von angesehenen und angenehmen Mitbürgern, aufgeklärt. Sollte er seinem Instinkt trauen, der ihm sagte, die Freber war aus reinem Zufall in die Geschichte verwickelt und hat absichtslos und unschuldig dem Mordopfer mehr erzählt als notwendig. Oder sollte er seinem Verstand folgen, der ihm riet, das Funkeln in den Augen der Freber ernst zu nehmen, wenn die Sprache auf Vergangenheit, insbesondere im Zusammenhang mit Büchern kam.

Er seufzte und entschied sich, noch einmal, wie schon am gestrigen Abend, seine drei engsten Mitarbeiter zusammenzurufen, um das weitere Vorgehen abzusprechen. Entschlossen griff er nach dem Telefon. Nacheinander kamen die drei, Schlenger, groß, schlank und gutaussehend, der kleine, dicke Baus und die herbe, grobknochige Bremer, herein. Nachdem sie sich hingesetzt hatten, fasste Pohl noch einmal die Ereignisse um den ersten Leichenfund unter St. Johannis zusammen und wies auf die zentrale Rolle, die Frau Freber dabei gespielt hatte, hin.

„Bei der zweiten Leiche handelt es sich entschieden um einen Mord aus nächster Nähe", fuhr er fort. „Das Opfer, Jutta Berger, 28 Jahre alt, wohnhaft in Bad Münster am Stein, arbeitete als Bibliothekarin im hiesigen Stadtarchiv. Der Schuss aus einer Pistole mit einem Kaliber, wie es auch die Bundeswehr benützt, traf sie seitlich in der linken Schläfe. Aus der Stellung der Leiche schließt unser Gerichtsmediziner, dass sie sich in dem Moment, in dem sie sich ihrem Mörder gegenübersah, abwendete, um zu flüchten. Sie ist wohl in der Drehung erschossen worden und war, nach Aussage von Dr. Wolf, Sie wissen schon, unserem neuen Gerichtsmediziner, sofort tot. Die Frage ist im Augenblick: Hat Frau Freber etwas mit dem zweiten Mord an Frau Jutta Berger zu tun? Sie haben alle drei schon mit Heide Freber gesprochen. Was ist Ihr Eindruck?"

Joachim Schlenger, der von Anfang an in die Ermittlungsarbeiten eingebunden war, ergriff als Erster das Wort. „Das glaube ich eher nicht", meinte er entschieden. „Sie scheint zwar resolut und tatkräftig zu sein, auch hat sie bei der Erforschung der Gewölbe unter St. Johannis eine Portion Mut bewiesen, aber die Energie, die sie auf die Erforschung der Vergangenheit einer jüdischen Mainzer Familie aufbrachte, scheint mir auf echtes Interesse an der Geschichte zurückzuführen zu sein und nicht auf Gewinnstreben oder sonstige egoistische Ziele.“

Der junge Baus nickte zustimmend. Frau Bremer, die ehrgeizige Kommissarin, allerdings zog ein bedenkliches Gesicht. „Sie sind anderer Meinung, Frau Bremer?“, fragte Pohl. Frau Bremer nickte. Nach kurzem Zögern antwortete sie: „Als ich Frau Freber gestern anrief, um sie herzubitten, hat sie ziemlich arrogant reagiert. Sie wollte wissen, wieso nicht Sie sie anrufen würden, und sie schien einigermaßen indigniert, als ich sie aufforderte, ihren Personalausweis mitzubringen.“

Pohl und Schlenger wechselten bei diesen Ausführungen einen schnellen Blick. Sie kannten die manchmal zu schroffe Art der Kollegin. Wahrscheinlich hatte sie es an der nötigen Höflichkeit fehlen lassen. Zickengezänk. Ursula Bremer, die den Blick gesehen hatte, fuhr fort: „Und heute Morgen, als ich sie nach Verwandten und Freunden, die in der Nähe wohnen, befragte, hat sie sehr zugeknöpft reagiert. Nur mit Mühe konnte ich sie davon überzeugen, mir die Adresse einer Schwester zu geben, die ganz in der Nähe, drüben im Hessischen wohnt.“

„Na gut“, entschied Pohl, „Sie ermitteln alles über Frau Freber. Sie befragen die Freunde, die früheren Arbeitskollegen, die Leute aus der Kirchengemeinde, natürlich die Schwester. Ich will alles über sie hören. Sie wissen Bescheid. Schlenger, Sie gehen rüber zur Spurensicherung und lassen sich die Ergebnisse genau erklären. Dann fahren Sie zum Tatort und überprüfen noch einmal alles. Jedes Detail ist wichtig. Sie wissen, was zu tun ist. Jedes einzelne Gemeindeglied, das möglicherweise zur Tatzeit in der Nähe war, jeder Nachbar muss befragt werden. Ich fahre mit Ihnen, Herr Baus, nach Bad Münster am Stein-Ebernburg, wo das Mordopfer, Jutta Berger, gewohnt hat, und wir machen uns dort kundig über das Leben der Toten."

„Haben wir denn nicht schon alle Informationen über die Leiche von den Kollegen aus Bad Kreuznach bekommen und wo, um Gottes Willen, ist Bad Münster, wie hieß das Kaff noch weiter?"

„Höre ich da leisen Widerspruch aus den Reihen unserer jüngsten Kollegen?", fragte Pohl scherzhaft mit dem Finger drohend.

„Es tut dir gut, Baus, wenn du mal rauskommst. Deine geografischen Kenntnisse scheinen mir dringend der Auffrischung zu bedürfen! Kennt dieser Unglückswurm einen unserer nettesten Badeorte nicht!", setzte Schlenger grinsend hinzu. „Außerdem tut es dir gut, von unserem Chef zu lernen. Pass also gut auf. Bisher war ich immer das Opfer. Denk besonders daran, dich festzuhalten, wenn er Auto fährt!"

Jeder im Amt wusste von Pohls eigentümlichem Ehrgeiz, seinen Spritbedarf zu reduzieren, indem er mit Vollgas auf jede Bergkuppe hinaufraste, um dann im Leerlauf, bei ausgeschaltetem Motor, zu sehen, wie weit der Schwung hügelab ihn brachte. Das Gebot, Fahrgemeinschaften auf den Wegen zwischen Arbeitsplatz und Wohnort zu bilden, wurde immer wieder gebrochen, weil keiner mit Pohl fahren mochte. Lachend gingen die vier zur Tiefgarage, wo sie sich trennten.

Pohl und Baus verließen die Stadt über die Saarstraße und bogen in die Autobahn A 60 nach Bingen ein. Pohl zwang sich, eingedenk des Spottes von Schlenger, auf der Bergkuppe des Großen Sandes im Gonsenheimer Wald nicht den Motor auszuschalten und das Auto den Berghang hinunterrollen zu lassen, nachdem er gesehen hatte, wie der junge Baus sich am Haltegriff über dem Fenster festgeklammert hatte. Baus zog erleichtert die Luft ein und lehnte sich bequem zurück. „Wunderbares Wetter, was, Chef?“, sagte er und ließ seinen Blick über die weiten, üppig blühenden Obstplantagen schweifen. „Genau die richtige Zeit für eine Landpartie!“

„Eigentlich ist es zu früh für die Blüte“, brummte Pohl, „das gibt sicher noch einmal Frost und dann ist es vorbei mit der Pracht und auch mit der Ernte.“

„Ach, Chef, nun seien Sie doch nicht so pessimistisch! Freuen Sie sich über die Schönheit des Augenblicks. Was danach kommt, können Sie sowieso nicht beeinflussen.“

Sie schwiegen eine Weile. Baus bewunderte den Blütentraum, aber Pohl war mit seinen Gedanken längst wieder bei dem Mord an der Berger und bei der merkwürdigen Verstrickung der Freber in diese verzwickte Angelegenheit.

Hinter dem Nahetalkreuz bogen sie in die vierspurige Schnellstraße nach Bad Kreuznach ein. Nach insgesamt 35 Minuten Fahrt erreichten sie die Außenbezirke der Stadt, fuhren auf der Bosenheimer Straße durch das wenig attraktive Gewerbegebiet, durchquerten die Stadt und erst als sie die Nahebrücke am südlichen Ende von Bad Kreuznach erreichten, merkte man, dass man sich in einem Kurort befand. Rechts stieg das gewaltige Felsmassiv, überwuchert mit Gesträuch und Krüppelbirken, steil nach oben, links breitete sich das Nahetal mit den gepflegten Kuranlagen und den quer das Salinental überspannenden Gradierwerken vor ihnen aus.

„Schön ist es hier“, meinte Baus sinnend und betrachtete die weitläufige Anlage, die auf der anderen Uferseite der Nahe ebenfalls von einer steilen, etwa achtzig Meter aufragenden Felsklippe begrenzt war.

„Ja, ja, Baus, reiß dich jetzt einmal los von deinen Naturschwärmereien und konzentriere dich auf die bevorstehende Aufgabe!“ Pohl, der nicht nur auf die kurvenreiche und relativ schmale Straße achten musste, sondern auch in Gedanken die einzelnen Optionen des vorliegenden Falles durchspielte, fühlte sich zunehmend irritiert durch die sorglose Unbedarftheit des jungen Kollegen. „Wir werden uns nachher die Arbeit aufteilen. Während du mit dem Kollegen von der Kreuznacher Dienststelle, mit dem wir verabredet sind, sprichst und dir noch einmal alles, was über Frau Berger bekannt ist, anhörst, gehe ich in die Wohnung und schaue mich dort um. Und, Baus, vergiss nicht, dir Notizen zu machen. Ich möchte nicht noch einmal nachfragen müssen.“

Unmittelbar nachdem sie eine weitere, weit in die Straße hineinragende Felsnase umfahren hatten, verengte sich das Nahetal zu einem schmalen Einschnitt zwischen den beiden Felsklippen, der nur Platz für Fluss und Straße ließ, um danach wieder etwas breiter zu werden und den ersten Häusern des Badestädtchens Platz zu machen.

Kurz vor der Eisenbahnbrücke bog Pohl in eine schmale Seitenstraße ein, die an beiden Seiten von Einzelhäusern, umgeben von gepflegten Gärten, gesäumt war. Vor der Nummer 9 parkte er sein Auto hinter dem Polizeifahrzeug, aus dem auch sogleich ein uniformierter Kollege aus Kreuznach ausstieg. Pohl übernahm die Schlüssel, nachdem er sich erkundigt hatte, dass die entsprechende Wohnung im ersten Obergeschoss lag, und überließ es Baus, sich mit dem Kreuznacher zu unterhalten.

Vor dem Haus wuchs eine dichte und recht hohe Eibenhecke, die nur von einem Gartenpförtchen unterbrochen war und den Vorgarten in schattiges Dunkel hüllte. Der Kommissar durchmaß die schmalen, aber gepflegten Rosenrabatten mit wenigen Schritten und erkannte an den Klingelschildern an der Tür, dass das Haus drei Parteien beherbergte. Er öffnete die Haustür, stieg die Treppe zur ersten Etage hinauf, schloss die Wohnungstür auf und betrat eine quadratische Diele, von der vier Türen abgingen, die alle offenstanden, sodass die Diele lichtdurchflutet war.

Einen Augenblick blieb Pohl stehen, sog prüfend die Luft ein, die frisch und sauber roch, mit einem Hauch von Möbelpolitur durchsetzt. Also eine ordentliche Frau, die nicht nur lüftet, sondern auch putzt, schlussfolgerte Pohl. Dann blickte er aufmerksam um sich. Links befand sich die Küche, die mit pseudorustikalen Möbeln aus hellem Nadelholz ausgestattet war. Der Fliesenboden und die Arbeitsflächen neben Herd und Spüle waren makellos sauber. Nirgends stand oder lag etwas herum, was da nicht hingehörte. Auf dem Abtropfblech neben der Spüle zeugte das abgewaschene Geschirr von einem einsamen Mahl und von einer ordentlichen Hausfrau. Ein Blick in die Oberschränke überzeugte Pohl, dass er hier nichts Auffallendes finden würde.

Er verließ die Küche und gelangte auf der gegenüberliegenden Seite der Diele ins Bad, das ebenfalls sauber und aufgeräumt erschien. Mit einem kurzen Blick in den einzigen Wandschrank versicherte sich Pohl, dass auch hier keine Überraschungen auf ihn warteten. Keine auffälligen Medikamente, keine außergewöhnlichen Kosmetika, die auf einen erhöhten Geldbedarf hätten schließen lassen, fanden sich in den einzelnen Schrankfächern. Das große Fenster über der Badewanne war gekippt und ein warmer Windhauch zog durch das Bad in die Diele.

Als Pohl gerade das Arbeitszimmer betreten wollte, klingelte Baus an der Haustür. Pohl betätigte den Türöffner und Baus kam gemächlich die Treppe herauf. „Du kannst dir gleich einmal das Wohnzimmer vornehmen“, wies Pohl ihn an. Er musste schon wieder an sich halten, um sein Missfallen über die Wurstigkeit des jungen Kollegen aus seiner Stimme herauszuhalten. „Was du eben herausgefunden hast, erzählst du mir später.“

Damit begab sich Pohl ins Arbeitszimmer und wieder hielt er sich einen Augenblick prüfend schnuppernd an der Tür auf. Hier roch es leicht staubig und in den Sonnenstrahlen, die durch das Fenster an der Südseite hereinfielen, flimmerten winzige Staubpartikelchen. Die rechte Zimmerwand war vom Boden bis zur Decke mit einem Bücherregal bedeckt, auf dem sich in ordentlichen Reihen Bücher mit gestapelten Papier- und Bücherstößen abwechselten. Vor dem Südfenster stand ein großer, altmodischer Schreibtisch, beladen mit Papier, Schreibutensilien und Bücherstapeln. Auf der linken Seite, unter dem anderen Fenster des Raumes, befand sich das Bett, das mit einer bunten Tagesdecke bedeckt war, und links neben der Tür an der vierten Wand hatte ein breiter Kleiderschrank seinen Platz.

Pohl öffnete zuerst den Kleiderschrank und warf einen Blick auf die Garderobe, die ebenso wie Küche und Bad nichts Besonderes aussagte, außer, dass die Eigentümerin modebewusst und ordentlich war. Ein kurzer Griff in die Wäschefächer überzeugte Pohl davon, dass hier nichts versteckt war, was nicht hierher gehörte. So ließ er sich vor dem Schreibtisch auf den Stuhl nieder und begann, die Papierstöße sorgfältig durchzusehen. Die Berger schien an einem Aufsatz zur frühen jüdischen Geschichte von Mainz gearbeitet zu haben. Das war interessant und aufschlussreich.

Eine Anzahl von Büchern war aufgeschlagen oder hatte an verschiedenen Stellen Merkzettel, die Pohl eingehend studierte. Eine Reihe von Büchern war ihm bekannt. Da fanden sich neben dem umfangreichen Kompendium „Mainz – Die Geschichte der Stadt“ von 1998 mit einem Merkzettel zum Kapitel über das Judentum Bücher wie „Mainz, ein Heimatbuch“ von 1928, „Mainz ehemals gestern und heute“ von 1984 mit einem Lesezeichen in der Beschreibung der Schusterstraße oder „Magenza – Die Geschichte des jüdischen Mainz“ von 1995. Auf dem Nachttisch lag überraschenderweise ein historischer Roman, „Das Blut von Magenza“.

Als er den Computer anschaltete, fuhr der überraschend schnell hoch und verlangte zu Pohls Beruhigung kein Passwort. Mit wenigen Mausklicks konnte er ein Verzeichnis mit der Überschrift „Dissertation“ finden. Aha, dachte er, die Berger hatte an ihrer Promotion gearbeitet. Das war aufschlussreich. Im Unterverzeichnis klickte er unter der Überschrift „Die ersten Juden in Mainz“ ein Schriftstück an, bei dem er schon nach der Lektüre der ersten Sätze wusste, dass er auf eine Spur gestoßen war. Hier stand: „Einer Überlieferung zufolge, die mit Sicherheit mehr als eine Legende ist, beschreibt der Chronist, Thietmar von Merseburg, wie der junge Kaiser Otto II. nach der vernichtenden Niederlage von Cotrone im Jahre des Herrn 982 nur dank eines geistesgegenwärtigen jungen Juden namens Kalonymus überlebte, der ihm sein Pferd übergab, sodass der Kaiser vor seinen Feinden fliehen konnte. Als Dank dafür gewährte Otto II. der angesehenen Familie Kalonymus das Recht, in der Handelsmetropole Mainz eine Handels- und Wohnniederlassung zu errichten. Das berühmte Handelshaus Kalonymus, das auch bedeutende Gelehrte hervorbrachte, ist mit an Sicherheit grenzender Wahrscheinlichkeit also schon seit der zweiten Hälfte des 10. Jahrhunderts in Mainz ansässig".

Das war für Pohl der entscheidende Hinweis. Jutta Berger hatte sich mit der jüdischen Geschichte des Mittelalters beschäftigt und war deswegen an Büchern höchst interessiert, die sich mit dieser Zeitspanne befassten. Hatte sie sich deswegen bei ihm über die Freber informieren wollen? War sie vielleicht durch ihre Studien und die Erzählung von Frau Freber ebenfalls auf eine Spur gestoßen, die sie nach St. Johannis geführt hatte? War sie deswegen umgebracht worden? Aber wer war dann die andere Partei, die ihren Tod verursacht hatte? Gleich nach seiner Rückkehr nach Mainz wollte er Schlenger auf die Spur in Stadtarchiv und Uni setzen, um die Tätigkeit der Archivarin zu recherchieren.

Pohl druckte sich den unfertigen Artikel von Frau Berger aus, sammelte alle Merkzettel und handschriftlichen Aufzeichnungen ein, rief nach Baus und wies ihn an, eine Tasche, einen Korb oder eine Schachtel aufzutreiben, in der die schriftlichen Unterlagen transportiert werden konnten. Dann durchsuchte er die Schreibtischfächer und Schubladen so lange, bis er einen Notizkalender fand. Er schichtete alles in einer von Baus bereitgehaltene Reisetasche aufeinander, warf noch einen kurzen Blick ins Wohnzimmer, das ebenso aufgeräumt war wie Küche und Bad und kaum Versteckmöglichkeiten bot, und verließ befriedigt mit Baus, der die Tasche trug und deren Gewicht nach Pohls Ansicht ziemlich übertrieb, die Wohnung.

Ein Versuch, bei den Nachbarn noch weitere Informationen über die Tote zu erhalten, scheiterte. Beide Wohnungen schienen leer, weil weder auf die Klingel noch auf heftiges Klopfen an die Wohnungstür, Lebenszeichen zu hören waren.

„Die Kollegen aus Kreuznach haben mit beiden Nachbarn, einer alten Dame im Erdgeschoss und einem Bankbeamten aus der Dachwohnung, gesprochen und mir erzählt, was sie über die Frau herausgefunden haben“, sprudelte Baus los und wollte noch vor der Haustür seinen Bericht beginnen.

„Halt, mein Junge, halt. Wenn du alles schön notiert hast, warte, bis wir im Büro sind. Dann können wir die Ergebnisse dieses Tages noch heute mit Schlenger und der Bremer austauschen“, wehrte Pohl ab. Dann schloss er die Haustür gewissenhaft ab, trat zu dem Polizisten, der immer noch im Streifenwagen wartete, sagte ihm, sie würden sich um Angehörige, Nachlassgericht und all das andere kümmern, dankte ihm für seine Geduld und bat ihn, dem Kollegen Krüger von der Dienststelle in Bad Kreuznach ebenfalls seinen Dank auszusprechen. Falls er noch Fragen habe, würde er sich mit Krüger in Verbindung setzen. „Ach, und sagen Sie ihm, wir haben einige Unterlagen aus der Wohnung mitgenommen. Sobald die Untersuchungen abgeschlossen sind, schicken wir sie zurück.“

Dann übergab er Baus den Autoschlüssel, nahm sich das Notizbuch, machte es sich auf dem Beifahrersitz gemütlich und begann zu lesen. Baus stand unschlüssig vor der Fahrertür. „Na, was ist, Baus? Du findest doch den Weg nach Hause, oder? Hier zurück und da unten links auf die Hauptstraße und dann immer geradeaus!“ Baus nahm zögerlich hinter dem Steuer Platz und fuhr sie dann langsam, aber ohne Umwege nach Mainz.

Im Polizeipräsidium angekommen, beauftragte Pohl Schlenger mit den Nachforschungen über die Tätigkeiten von Frau Berger. Dann verabredete er sich mit seinem Mitarbeiterteam zu einer Besprechung um 17 Uhr in seinem Zimmer. Er selbst machte sich, wie es seine Gewohnheit war, Notizen über seine Durchsuchung der Wohnung der Ermordeten, schrieb sich die wichtigsten Eintragungen aus dem Kalender der Berger heraus und dachte dann über die möglichen Tätergruppierungen nach. Plötzlich knurrte sein Magen laut und vernehmlich. Nach einem Blick auf die Uhr überzeugte er sich, dass er um halb vier Hunger haben durfte, nachdem er die letzte Mahlzeit, eine Tasse Kaffee und ein Brötchen, heute Morgen um kurz nach 7 Uhr zu sich genommen hatte. Er kämpfte mit sich, ob er in der Kantine nur schnell ein Brötchen holen oder ob er in die Stadt gehen und sich eine richtige Mahlzeit gönnen sollte. Er entschied sich für Letzteres, weil er sich darüber im Klaren war, dass er auch heute wieder nicht rechtzeitig zu einem vernünftigen Abendbrot zu Hause sein würde. Also rief er daheim an und war ganz froh, nur den Anrufbeantworter zu hören und nicht seiner Frau erneut auseinandersetzen zu müssen, warum er es nicht schaffte, rechtzeitig seinen Arbeitsplatz zu verlassen. Er hinterließ eine kurze Nachricht und ging dann hinaus auf die Straße.

Es war immer noch sonnig und angenehm mild und Pohl war froh, den Mantel im Büro gelassen zu haben. Er wandte sich der Frauenlobstraße zu, hing seinen Gedanken nach und betrachtete gedankenverloren die spielenden Kinder auf dem Schulhof. Bei seinem Lieblingsgriechen, der auch am Nachmittag ein paar warme Speisen bereithielt, setzte er sich an einen der vielen leeren Tische und bestellte sich ein Glas Wein und etwas zu essen.

Kurz vor 17 Uhr war er zurück im Präsidium. Er legte seine Unterlagen zurecht und gerade, als er mit einer Kanne Kaffee aus der Kantine zurückkam, trafen auch seine drei Mitstreiter in seinem Zimmer ein.

„Also, was haben wir?“, begann Pohl. Er referierte noch

einmal für alle die bekannten Fakten, berichtete von seinem Fund des Manuskriptes einer Dissertation auf dem PC der Berger über die frühe jüdische Geschichte der Stadt Mainz und endete mit dem Hinweis, dass dies wohl der entscheidende Fingerzeig sein müsse, den es zu verfolgen gelte. Schlenger bestätigte die Worte seines Chefs, dass Jutta Berger tatsächlich im Studiengang Buchwissenschaft an einer entsprechenden Dissertation gearbeitet hatte. Er berichtete von einer Kommilitonin, einer Freundin der Ermordeten, die ihm tränenüberströmt das Folgende erzählte: Jutta habe von einer Besucherin im Archiv zum ersten Mal von dem Verdacht gehört, dass wertvolle Bücher aus dem jüdischen Magenza in St. Johannis versteckt sein könnten. Da das genau in die Dissertation der Berger passte, wäre diese augenblicklich elektrisiert gewesen. Fände sie ein verschollenes Buch aus der großen Zeit der jüdischen Jeschiva, wäre sie nach Veröffentlichung der Diss sofort in die erste Reihe der einschlägigen Wissenschaftler aufgestiegen. Der Zeitungshinweis in der AZ hätte den Verdacht auf einen unschätzbar wertvollen Fund noch erhärtet.

„Was war Jutta Berger denn für ein Mensch?“, hatte Schlenger gefragt. „Gott, sie war echt ehrgeizig. Nett im Umgang aber wenn es um ihr Lieblingsthema ging, konnte sie ganz schön zickig und hartnäckig werden. Ja, und auch rechthaberisch. Ich weiß noch, wie sie mir von dem letzten Treffen der Archivare der Staatsarchive berichtete. Das muss im vorigen Jahr gewesen sein. Am Freitag voriger Woche waren wir noch zusammen essen. Da hat sie mir auch erzählt, dass sie den Archivar in Darmstadt anrufen würde, den sie damals kennengelernt hatte. Sie dachte, diese Frau, die auf der Suche nach dem Küster war und die ihr zuerst von den Büchern erzählt hat, das muss irgendwann vor Weihnachten gewesen sein, hat dem Archivar vielleicht mehr erzählt als ihr."

Schlenger fügte hinzu, dass die Freundin sich nicht an den Namen der Frau, die den ersten Hinweis gegeben hatte, erinnern konnte.

„Aber dass dies Frau Freber ist, dürfte wohl klar sein", beendete er seinen Bericht.

Pohl nickte zufrieden und fuhr dann in seinen Überlegungen fort. Ganz offensichtlich seien die verschwundenen Bücher oder das eine dieser verschwundenen Bücher des Gerschom ben Jehuda das Bindeglied zwischen der Berger, St. Johannis und der Freber. Hier müsse seines Erachtens auch der Ausgangspunkt zur Suche nach dem oder den Mördern gesetzt werden.

An dieser Stelle unterbrach Ursula Bremer den Kommissar mit einem Handzeichen. „Warum machen Sie einen Unterschied zwischen dem Kreis St. Johannis, Berger und Freber und dem Kreis des Täters oder der Täterin? Gehört Frau Freber denn nicht in diese zweite Gruppe?" Energisch strich sie eine dunkle Haarsträhne, die sich aus dem streng zurückgekämmten Schopf gelöst hatte, hinter ihr Ohr. „Für mich ist die Freber die Hauptverdächtige. Hören Sie sich nur an, was ich herausgefunden habe!" Sie holte tief Luft und fing dann an.

„Also, ich habe mit der jüngeren Schwester drüben in Kronberg gesprochen. Die hat mir bestätigt, dass der Vater der beiden nicht nur ein Sammler alter Waffen war, sondern sehr wohl eine Pistole besessen habe, die sie, die Schwester, nach dem Tod des Vaters nicht in der Hinterlassenschaft gefunden habe. Und als sie das Haus in Frankfurt ausräumte, um es zu verkaufen, die Schwester ist Juristin, ist sie auch nicht auf diese Waffe gestoßen! Ist das nicht ein deutliches

Indiz, dass Frau Freber sehr wohl im Besitz einer Handfeuerwaffe gewesen sein kann?"

Pohl und die anderen hatten ihr aufmerksam zugehört. „Nun ja", meinte Pohl. „Möglich ist das schon. Aber Frau Freber erzählte mir, dass ihr Vater bereits seit zwanzig Jahren tot ist. Ist es denn nicht recht unwahrscheinlich, dass sie all die Jahre eine Waffe behalten haben soll? Lasst uns erst einmal hören, was die anderen Ermittlungen ergeben haben. Auf jeden Fall, Frau Bremer, bitten Sie Frau Freber für morgen Vormittag noch einmal in mein Büro. Ich möchte gern von ihr selbst hören, wie sie sich dazu stellt. Jetzt lasst uns die anderen Ergebnisse zusammentragen."

Frau Bremer wusste sonst nichts wirklich Aufschlussreiches über das Leben der Freber zu berichten. Die Erkenntnisse, die Baus aus Bad Kreuznach mitgebracht hatte, halfen auch nicht weiter. Aber Herr Schlenger konnte einige Neuigkeiten aus dem Leben und Treiben um die St. Johanniskirche in den letzten Wochen beitragen. Er bestätigte den Hinweis von Frau Freber, dass auch andere Gemeindemitglieder festgestellt hatten, dass Männer, die offensichtlich weder zu den Anwohnern noch zu der Gemeinde gehörten, wiederholt vor und um die Kirche gesehen worden waren. Eine aufmerksame Beobachterin konnte von einem dieser Männer sogar eine recht gute Beschreibung abgeben, weil sie mit ihm gesprochen hatte.

Sie hatte gefragt, was er dort zu suchen habe. Er sei offensichtlich Ausländer gewesen, mit südosteuropäischem Akzent, dunkelhaarig, kräftig, um die vierzig und mit einem wenig gepflegten dunklen Parka mit Kapuze bekleidet. Er habe angegeben, im Pfarrhaus nach Unterstützung bitten zu wollen, weil er ohne Geld und Unterkunft sei. Die beherzte Dame habe ihm auseinandergesetzt, er müsse sich an die offizielle Stadtmission oder an die dafür eingerichteten sozialen Stellen wenden. Er habe daraufhin rüde abgewinkt, eine unverständliche, aber sicher unfreundliche Bemerkung gemacht und habe sich getrollt. Sie habe ihn dann noch ein- oder zweimal in Begleitung mit anderen Männern gesehen, aber sobald sie die kritische Dame, sie heißt Ritter, bemerkt hatten, verzogen sie sich unaufgefordert.

„Aha“, bemerkte Pohl, „hier scheint sich noch eine vielversprechende Spur aufzutun, die wir unbedingt verfolgen müssen. Aber ich habe auch noch etwas beizusteuern. Dem Notizkalender von Frau Berger konnte ich nämlich noch etwas äußerst Interessantes entnehmen. Sie hatte am Tag vor ihrer Ermordung die Telefonnummer von einem Dr. Röder aus Darmstadt notiert und eine Woche später taucht der Name mit dem Vermerk 19 Uhr, HDW, noch einmal auf. Erinnert sich einer an den Namen?“

Die aufmerksame Frau Bremer warf sofort ein: „War das nicht der Archivar aus dem Staatsarchiv in Darmstadt, mit dem die Freber zusammengearbeitet hat? Ich sag es doch. Alles führt wieder zu der Freber!“

„Na ja“, meinte hier ihr Kollege Joachim Schlenger gedehnt, „das könnte auch ganz harmlos sein. Immerhin sind beide Angestellte eines Archivs. Die können sich durchaus dienstlich kennen.“

„Oder dieser Dr. Röder ist gar nicht so eine Randfigur, wie wir bis jetzt annahmen“, setzte Pohl grübelnd hinzu. „Auch bei ihm müssen wir noch einmal genau nachsehen, inwieweit er in die Geschichte verwickelt ist.“

Sie diskutierten noch eine Weile, überlegten, welche möglichen Motive zutreffen konnten, entwarfen Pläne für die weitere Vorgehensweise und schließlich entschied Pohl die Aufgabenverteilung. Er wollte Frau Freber noch einmal auf den Zahn fühlen. Baus sollte Frau Ritter zu einer schriftlichen Aussage einbestellen, Bremer bekam den Auftrag, sich mit dem Raubdezernat in Verbindung zu setzen, um mehr über Einbrüche oder Auffälligkeiten, in denen Südosteuropäer verwickelt waren, in Erfahrung zu bringen, und Schlenger sollte noch einmal mit dem Hausmeister reden, der ja auch, wie ihm Frau Freber berichtet hatte, von „Gesindel“ gesprochen hatte, das in letzter Zeit ein auffälliges Interesse an der Johanniskirche gezeigt hatte.

Sie trennten sich um 19 Uhr und Pohl begab sich zurück an seinen Schreibtisch, um erneut seine Gedanken zu ordnen und seine Notizen zu dem Fall zu vervollständigen.

Als er endlich seine Akten zusammenräumte, stellte er mit schlechtem Gewissen fest, dass es bereits kurz vor 22 Uhr war. Zeit nach Hause zu gehen, dachte er schuldbewusst und wappnete sich für eine unerfreuliche Auseinandersetzung mit seiner Frau Roswitha.

Am nächsten Morgen war das Wetter wieder hell und beinahe sommerlich warm, als sich der Kommissar bereits kurz nach sieben auf dem Weg ins Präsidium befand. Allerhand Gedanken zogen ihm durch den Kopf. Auf keinen Fall wollte er Frau Freber zu sanft anfassen, auch wenn er eigentlich überzeugt war, dass sie nichts mit dem Mord zu tun hatte. Viel eher glaubte er, dass der Zeitungsbericht über unschätzbar wertvolle Bücher, die möglicherweise Kriegs- und Nachkriegszeit in den Kellern von St. Johannis überdauert hatten, so manchen Sammler und so manchen Schatzgräber auf die Spur gelockt hatten. Und auch der Archivar aus Darmstadt machte eine interessante Facette in dem Gesamtbild aus, das es zu vervollständigen galt.

Im Präsidium angekommen, fand er zwei Nachrichten

unter seinem Telefon. Die eine besagte, dass er sich um 8 Uhr zu einem Treffen der Dezernatsleiter einzufinden habe, weil neue Instruktionen vom Polizeipräsidenten vorlägen. Die müssten diskutiert werden, um die Umsetzungsstrategien in den einzelnen Dezernaten abzusprechen. Die andere war von Frau Bremer und lautete, Frau Freber werde sich um 9 Uhr bei ihm einfinden.

Das passte ja wieder hervorragend, dachte Pohl erbost. Die Instruktionen des Polizeipräsidenten hatte er bereits vor einigen Tagen gelesen. Es ging einmal mehr darum, eine Polizeireform durchzusetzen. Der wievielte in den letzten zwanzig Jahren es war, mochte er gar nicht zählen. Während all dieser Zeit hatte die Polizei immer wieder durchgreifende Änderungen durchgemacht. Die neueste Einfall war nun, die Polizei bundesweit zu einer bürgernahen Polizei umzugestalten, eine Wiederauflage der Forderung vom Anfang der Neunzigerjahre. Wie das allerdings geschehen sollte, Bürgernähe zu zeigen, wusste niemand so recht zu sagen. In allen Polizeidienststellen waren Plakate ausgehängt worden, die die Polizistinnen und Polizisten aufforderten, Präsenz zu zeigen. Aber wie das gemacht werden sollte, stand in den Sternen. Besonders weil die zahlenmäßige Stärke der Polizei von Jahr zu Jahr dezimiert worden war und immer neue Aufgaben auf sie zukamen. Da waren die Fußballveranstaltungen, die mehr und mehr aus dem Ruder liefen und Polizeikräfte banden. Da waren die Castortransporte, die Hunderte von Polizisten beschäftigten. Und da waren die nie enden wollenden Rangeleien und Auseinandersetzungen der rechten Gruppierungen mit linken Autonomen, die jede Gelegenheit auf Massenveranstaltungen nutzten, um übereinander herzufallen. Nein, Pohl war es müde, über solche Instruktionen nachzudenken. In solchen Augenblicken wünschte er sich, seine Dienstzeit sei nicht erst in einem Jahr, sondern schon morgen zu Ende. Aber dann besann er sich wieder auf das Naheliegende und gestand sich ein, dass er doch mit Leib und Seele Polizist war und solch ungeklärten Verbrechen wie einem Mord mitten in einem alten und ehrwürdigen Gotteshaus unbedingt auf den Grund gehen musste und wollte.

Also beauftragte er widerwillig, weil er deren unverbindliche und oft undiplomatische Verhörmethode kannte, Frau Bremer mit der Vernehmung von Frau Freber, Herr Schlenger war schon außer Haus, und begab sich in das oberste Stockwerk, wo im großen Konferenzsaal das Treffen der Dezernatsleiter angesetzt war.

Heide Freber hatte eine weitere unruhige Nacht hinter sich. X-mal war sie aufgewacht, von den Angstträumen verfolgt, die sie seit ihrer Kindheit und frühen Jugend nicht mehr gehabt hatte. Sie befand sich dann immer in einer dunklen, höhlenartigen Umgebung, unzureichend oder gar nicht bekleidet, an Armen und Beinen gefesselt, sodass sie unfähig war, sich zu rühren, und wartete auf irgendetwas Schreckliches. Was, konnte sie nie in Erfahrung bringen, denn sobald das Schreckliche, was immer es auch war, auf sie zukam, zwang sie sich erfolgreich, aufzuwachen. Wieder und wieder ging sie nach nebenan ins Badezimmer und wusch sich Gesicht und Nacken mit kaltem Wasser. Wenn sie gar nicht wieder einschlafen konnte, duschte sie kalt, zog den Schlafanzug über die nasse Haut, und während sie noch einen dankbaren Gedanken an den niederbayerischen Naturheilkundigen Kneipp sandte, von dem sie diesen Tipp, Schlaflosigkeit zu bekämpfen, gelernt hatte, schlief sie schon wieder ein. Auch die Katze Semiramis war ihr eine Hilfe. Wenn die nämlich laut und vernehmlich schnurrte, während sie es sich auf Heides Füßen bequem machte, überkam Heide doch etwas wie innere Ruhe und die vernünftige Seite in ihr sagte ihr, dass sie nichts zu befürchten habe.

Trotzdem war sie am nächsten Morgen ziemlich erschüttert, als Frau Bremer ihr eröffnete, dass sie und nicht Herr Pohl die erneute Vernehmung durchführen würde. Heide spürte genau, dass Frau Bremer sie verdächtigte und sie wusste nicht, was sie zu ihrer Verteidigung vorbringen konnte.

Dann eröffnete die Kommissarin auch noch das Gespräch mit dem Hinweis, sie habe mit Carla, ihrer jüngeren Schwester, gesprochen, die ganz im Gegensatz zu Frau Freber durchaus bestätigte, dass der Vater eine moderne Handfeuerwaffe besessen habe. Da fiel Heide siedend heiß eine Episode ein, die diese Äußerung von Carla bestätigte.

Heide war kurz nach Beendigung ihres Studiums und im ersten Berufsjahr mit einem Kollegen in dem damals sehr berühmten Musical „Hair“ gewesen. Zu später Stunde, sie erinnerte sich, nach der Vorstellung noch einen Schoppen Wein getrunken zu haben, hatte sie dem Kollegen, der irgendwo auf dem Lande wohnte, angeboten, in ihrem Elternhaus zu übernachten. Da ihr jüngerer Bruder, dessen Zimmer neben dem ihren lag, während des Semesters zum Studium in Berlin weilte, schien Heide dies ein tragbares Arrangement zu sein. Sie und ihr Kollege hatten mitten in der Nacht noch in ihrem Zimmer gesessen und geredet, als plötzlich und unerwartet die Tür aufgerissen wurde und der Vater mit gezückter Pistole im Türrahmen stand.

Natürlich war die Sachlage schnell erklärt, aber sie erinnerte sich noch lebhaft an den Riesenschrecken, den der Vater mit der Pistole ausgelöst hatte.

„Ja“, stammelte sie deswegen. „Ja, jetzt, wo Sie es erwähnen, erinnere ich mich. Er hatte eine Pistole. Aber Sie dürfen nicht vergessen, das ist alles schrecklich lange her. In der Kanzlei meines Vaters ist mehrere Male eingebrochen worden, deswegen hatte er die Waffe. Das können Sie bestimmt in alten Akten nachlesen. Das hatte ich alles längst vergessen. Es ist doch auch schon so lange her!" Heide bremste ihren Redestrom gewaltsam, als sie merkte, dass sie ins Plappern geriet.

Die Kommissarin fixierte sie mit starrem Blick und meinte dann: „Und jetzt plötzlich, wo Sie es nicht mehr leugnen können, fällt Ihnen alles wieder ein? Sehr ungewöhnlich!"

Heide hätte heulen können, aber sie zwang sich zur Ruhe und nickte nur stumm.

Frau Bremer musterte sie weiterhin mit kaltem Blick und fragte dann provokant: „Und was sagen Sie zu der Aussage Ihrer Schwester, dass die Waffe nach dem Tod Ihres Vaters verschwunden ist?"

Heide besann sich eine Weile und dann durchrieselte sie ein warmes Gefühl der Zuversicht. Sie konnte sich nämlich lebhaft erinnern, was mit der Waffe geschehen war und wie diese Tatsache sehr leicht und sehr schnell bewiesen werden konnte. Als der Vater Kanzlei und Notariat aufgab und mit der Familie in einen anderen Stadtteil zog, hatte er seinem Nachfolger neben den laufenden Fällen auch die Waffe nebst übertragenem Waffenschein übergeben mit dem fröhlichen Hinweis, an den sich Heide lebhaft erinnerte, jetzt neben all den quengelnden Klienten auch die im Vergleich dazu geradezu freundlichen Einbrecher übernehmen zu können. Das alles teilte sie Frau Bremer mit, nannte Namen und Adresse des Nachfolgers und wies darauf hin, dass die Kanzlei immer noch, wenn auch unter anderer Leitung, unter dem gleichen Namen existierte.

Es erschien Heide so, als sei Frau Bremer geradezu ein bisschen enttäuscht, weil sie die Waffengeschichte hatte aufklären können. Sie wies darauf hin, dass ihre Schwester Carla erheblich jünger war und sich an diese Zeiten wohl kaum erinnern konnte, womit sich die Kommissarin zufrieden gab.

Anschließend ließ sie sich noch einmal von Heide schildern, worin ihr Interesse an der jüdischen Vergangenheit der Stadt Mainz lag. Heide berichtete ausführlich, wie sie es schon Pohl gegenüber getan hatte. Das Interesse sei rein zufällig gewesen, weil sie sozusagen in einem Tauschgeschäft, bei dem sie die Hilfe eines ehemaligen Kollegen gebraucht hatte, diesem ihre Unterstützung zugesagt hatte. So sei sie an die Recherche zu einer Mainzer Familie gekommen, die zufällig jüdisch war. „Mein Interesse hat eigentlich gar nichts mit Juden zu tun, sondern nur mit geschichtlichen Fakten und Zusammenhängen“, betonte sie. „Die Judenfrage hat mich zwar immer bewegt, aber Forschungen in diese Richtung habe ich nie durchgeführt.“

Frau Bremer hatte ihre Ausführungen mit abschätziger Miene verfolgt und meinte schließlich, und Heide hörte aus ihrem Ton, dass sie halbwegs von Heides Unschuld überzeugt schien: „Die Einbruchsspuren sind an der Vordertür der Kirche, und wenn ich es recht verstanden habe, sind Sie im Besitz eines Schlüssels für den rückwärtigen Eingang?“

„Ganz recht“, erwiderte Heide. „Aber was hätte ich zu so früher Stunde in der Kirche tun sollen? Das ergibt doch alles keinen Sinn!“

In diesem Moment klopfte es und Pohl trat ins Zimmer. Mit ausgestreckter Hand ging er auf Heide zu und ein Hauch des vertrauten Lächelns lag wieder auf seinem Gesicht.

„Ich habe eine Weile zugehört“, sagte er und nickte Frau

Bremer anerkennend zu. „Kommen Sie beide doch mit in mein Zimmer, ich habe erfreuliche Neuigkeiten für Sie, Frau Freber. Frau Bremer, Sie lassen bitte inzwischen die Aussage von Frau Freber tippen, sodass sie unterschreiben kann." Damit zog er Heide, deren Hand er nicht losgelassen hatte, vom Stuhl hoch und geleitete sie in sein Büro. Dort angekommen bestellte er telefonisch drei Tassen Kaffee, und als der Kaffee von einer jungen Frau hereingebracht worden war, kam auch Frau Bremer ins Büro und nickte ihrem Chef zu.

„Also, Frau Freber", eröffnete Pohl das Gespräch, „wir sind ziemlich sicher, dass Sie nichts mit dem Mord zu tun haben. Wir haben die Waffe gefunden und ein gut erhaltener Fingerabdruck stammt einwandfrei von einer anderen Hand und hat mit Ihren Fingerabdrücken nichts zu tun!"

„Gott sei Dank", rief Heide erleichtert. „Gott segne den Finder und die Techniker, die dieses Wunder vollbracht haben. Sie können sich gar nicht vorstellen, wie erleichtert ich bin!"

„Doch, doch, das kann ich schon", meinte Pohl schmunzelnd, „aber so ganz möchte ich Sie noch nicht aus der Angelegenheit entlassen. Wenn Sie nichts dagegen haben, würde ich gern Ihre Arbeitskraft und Ihre Nase für Geheimnisse noch ein wenig ausnützen und Sie bitten, den Domkapitular ausfindig zu machen, der damals vor und während des Krieges Heinrich Cohn unterstützt hat. Und bedenken Sie, dies ist wieder eine private Bitte; sie hat nichts mit meiner Dienststelle zu tun."

Heide war so froh, von der Last befreit zu sein, eine Verdächtige in einem Mordfall zu sein, dass sie allem, was man ihr antrug, zugestimmt hätte, um nur ja so schnell wie möglich hier herauszukommen. „Natürlich", sagte sie daher. „Das wollte ich sowieso."

VIII.

Ungewöhnliche Zusammenarbeit

Eine knappe Woche war vergangen, in der sich Heide von dem Schrecken erholen konnte, eine Mordverdächtige zu sein. Sie hatte weder vom Polizeipräsidium noch von ihren Kontakten zur Johanniskirche von möglichen Fortschritten bei der Mordermittlung gehört. Also konzentrierte sie sich auf die ihr zugefallene Aufgabe, den katholischen Helfer des jüdischen Flüchtlings Heinrich Cohn aufzuspüren. So legte sie sich einen Weg zurecht, wie sie an den Namen und den Verbleib des Domkapitulars herankommen könnte.

Doch bevor sie dieses Vorhaben in die Tat umsetzen konnte, klingelte das Telefon und Frau Zelinski lud sie für den nächsten Nachmittag zu einem kleinen und improvisierten Kaffeekränzchen in den Gemeindesaal ein. Sie meinte, sie alle hätten eine Atempause verdient. Außerdem wäre es vielleicht hilfreich, wenn sich alle Beteiligten, die etwas von den schrecklichen Ereignissen der letzten Wochen wissen konnten oder wussten, zu einem gemeinsamen Gedankenaustausch treffen würden. Heide stimmte mit Begeisterung zu. „Kann ich vielleicht auch Heinz Küster mitbringen, der ja nicht ganz unbeteiligt war an unserer ersten Entdeckung?", fragte sie. Die Pfarrerin willigte in diesen Vorschlag gern ein und verabschiedete sich mit den Worten: „Also, dann bis morgen Nachmittag um 15 Uhr im Georgsaal."

Das Wetter war über Nacht umgeschlagen. Der Morgen des Freitags dämmerte grau und zögerlich herauf und als Heide sich zu ihrem morgendlichen Spaziergang anziehen wollte, setzte sogar feiner Nieselregen ein. Na ja, dachte sie, die Vegetation hat es nötig. Entschlossen zog sie die Regenjacke an, warf einen Blick auf das Thermometer, das neun Grad auswies, und erinnerte sich an den Spruch ihrer Mutter, die immer behauptet hatte, schlechtes Wetter gäbe es nicht, nur unpassende Kleidung.

Vergnügt schritt sie unter den überhängenden Zweigen, die die ersten grünen Spitzen sehen ließen, über den ausgestorbenen Parkweg. Nur hin und wieder traf sie einen vermummten Frühaufsteher, der noch schnell seinen Hund ausführte, bevor er den Hund getrost im warmen Zuhause lassen und sich selbst auf den Weg zur unvermeidlichen Arbeit machen konnte.

Einerseits genoss Heide das Gefühl, zeitlich ungebunden zu sein, andererseits neidete sie diesen Spaziergängern ihren beruhigend festgelegten Tagesablauf, der sie jederzeit wissen ließ, ein wertvolles Mitglied in der Gemeinschaft der Arbeitenden zu sein. In solchen Augenblicken konnte sie sehr gut nachfühlen, wie überflüssig und nutzlos sich so mancher Arbeitslose fühlen musste, der, im Vollbesitz seiner Arbeitskraft, nicht in der Lage war, einer sinnvollen Tätigkeit nachzugehen.

Dieser Gedanke brachte sie wieder zu ihrem eigenen Problem, einen Domkapitular ausfindig zu machen, der 1940 mindestens vierzig Jahre alt gewesen war. Sie hatte nämlich dem Internet entnommen, gesegnet sei Wikipedia, dass es seit 1821 eine gleichbleibende Regel an der Mainzer Diözese gab, die besagte, ein Domkapitular, von denen es seit beinahe 200 Jahren immer sechs gab, musste mindestens 35 Jahre alt sein, um für dieses Amt bestimmt zu werden. Da es in Mainz Usus war, mit 75 auf das Amt zu verzichten, schien es ihr am Sinnvollsten, bei den dreien ihr Glück zu versuchen, die bereits aus dem Dienst ausgeschieden waren.

Zu Hause setzte sie sich an den Schreibtisch und schrieb einen Brief an die drei alten Herren, indem sie ihr Anliegen formulierte und um ein Gespräch bat.

Sie war froh, Heinz am Abend zuvor noch erreicht zu haben, der gern am „Kaffee der Betroffenen" teilnehmen wollte. Sie hatten sich heute für 14.45 Uhr vor dem Ministerium verabredet, um gemeinsam nach St. Johannis zu gehen.

Inzwischen war es Mittag geworden. Heide machte für sich und die Katze ein kleines Mittagessen zurecht und begab sich dann zu ihrer Verabredung. Zwar regnete es nicht mehr, aber die Straßen waren noch nass.

Heinz sah ausgeruht und guter Dinge aus. Er steckte nicht in seinen üblichen Jeans und Pullover, sondern trug dunkle Hosen und ein helles, gut geschnittenes Sakko mit Schlips und hellem Hemd, das sich vorteilhaft von seiner gebräunten Gesichtshaut abhob. „Hallo! Hattest du Urlaub und warst gar nicht auf Dienstreise?", fragte Heide verblüfft.

„Man muss immer das Angenehme mit dem Nützlichen zu verbinden wissen", grinste Heinz vergnügt. „Die Tagung, an der ich teilnahm und die sich mit der bilingualen Ausbildung von Schülerinnen und Schülern an höheren Schulen in Europa befasste, fand auf Malta statt, wo Bilingualität zur Tagesordnung gehört. Es war eine anregende und aufschlussreiche Woche, in der ich eine Menge Zeit unter der herrlichen Sonne Maltas im Gespräch mit interessanten Leuten verbringen konnte. Die Verkehrssprachen waren Englisch, Französisch und Deutsch und das treffende Motto lautete ‚Einsprachigkeit ist heilbar'!"

Während er weiterhin lustige Begebenheiten und Ergebnisse von der Tagung erzählte, hatten sie die Johannisstraße erreicht. Heide schloss das schmiedeeiserne Hoftor auf, um durch das Gemeindehaus zum Georgsaal zu gehen. Der kleine Garten im Innenhof, hinter der Mauer des Gemeindeanwesens lag vor ihnen wie ein kleines, verstecktes Paradies. Helllila und gelb blühende Krokusse streckten ihre zarten Kelche aus dem frischen Grün des Rasens, dicke Büschel von weiß schimmernden Märzenbechern säumten die Rabatten rund um den Garten und vorwitzige, wilde Gänseblümchen mit ihren roten Kelchspitzen lugten dazwischen aus dem saftigen Gras. Nur ein paar aufgeplusterte schwarze Krähen, die an den sattgelben Krokusblüten zupften, störten das beschauliche Bild.

„Wollt ihr wohl abhauen, ihr Mistviecher!", rief Heide und klatschte laut in die Hände. Die Krähen krächzten erbost, aber flatterten, wenn auch unwillig und unter Protestgeschrei, über die Mauer.

„Die sind sicher gleich wieder da, wenn die Luft rein ist", meinte Heide erzürnt. „Ich weiß nicht, wie wir uns von diesen lästigen Kerlen befreien sollen. Herr Jakob meint, sie kämen aus dem bischöflichen Garten. Warum sie dort nicht mehr hin wollen, verstehe ich nicht. Aber wahrscheinlich werden sie nur von unseren Krokussen angezogen."

Energisch schloss sie die Tür zum Gemeindehaus hinter ihnen wieder ab und führte Heinz durch das Haus über den kleinen Innenhof zur Hintertür der Teeküche und damit in die Kirche.

Im Georgsaal, in dem es wunderbar nach Kaffee duftete, waren schon alle Gäste um den Tisch versammelt. Während die Pfarrerin Heide und Heinz begrüßte und Heinz den anderen vorstellte, erfasste Heide die Runde mit einem kurzen Blick. Da waren Frau Kiefer, die Vorsitzende des Kirchenvorstandes, Frau Ritter, die an den Rollstuhl gefesselt war, neben ihr Herr Peters, beide ebenfalls vom Kirchenvorstand. Da war der Hausmeister Jakob und ein Blick unter seinen

Stuhl überzeugte Heide, dass auch Branko, sein Hund, zur Gesellschaft gehörte. Außerdem saßen Herr Bart vom gleichnamigen Bestattungsinstitut gegenüber und Frau Bauer, die lebhafte alte Dame von der anderen Seite der Johannisstraße, mit am Tisch. Zu Heides Erstaunen waren auch die Herren Pohl und Schlenger von der Polizei anwesend sowie Dr. Nikolaus von der Denkmalpflege, Frau Dr. Herzog von der Uni und der Architekt Biermüller. Ja, die Pfarrerin hatte tatsächlich alle Beteiligten an dem Abenteuer um St. Johannis mit seinem erschreckenden Abschluss zu Tisch gebeten.

Die Stimmung war etwas beklommen. Niemand mochte so recht den Anfang machen zu einem Gespräch über das alle bewegende Geschehen um die Kirche. So bat Frau Zelinski den Kriminalrat, über den Stand seiner Ermittlungen zu berichten, soweit er sich dazu in der Lage sah. Pohl räusperte sich vernehmlich und meinte dann: „Nun ja, wir sind ein gutes Stück vorangekommen. Wir sind uns über das Motiv zu dem Mord an der Bibliothekarin Berger einigermaßen im Klaren. Es scheint sich immer mehr zu verdichten, dass sowohl Frau Berger als auch deren Mörder hinter einem Schatz her waren, der in den unterirdischen Gewölben von St. Johannis versteckt war oder ist. Welcher Art dieser Schatz ist, können wir nur vermuten, aber zu Spekulationen kann ich im Augenblick noch nichts sagen.

Über die Mordwaffe, die wir inzwischen finden und deren Herkunft wir rekonstruieren konnten, haben wir den Kreis der Verdächtigen eingrenzen können. Aber, verehrte Damen und Herren, Sie werden einsehen, dass ich unter den gegebenen Umständen noch nicht deutlicher werden kann. Vielmehr liegt mir daran, Ihrer aller Kenntnisse und Erfahrungen um die St. Johanniskirche und deren Verwicklung in dieses letzte Kapitel ihrer wechselvollen Geschichte zu hören. So habe ich auch die Einladung von Ihnen, verehrte Frau Zelinski, verstanden!"

Damit musste sich die Runde wohl oder übel zufrieden geben. Die Pfarrerin sagte: „Wenn ich das richtig sehe, Herr Pohl, wünschen Sie eine Darstellung der Kirchengeschichte von Beginn an, um die Ereignisse der letzten Wochen adäquat einordnen zu können und möglicherweise so auf den von Ihnen angesprochenen ‚Schatz' zu kommen, hinter dem die bedauernswerte Frau Berger und ihre Mörder her sind."

Während der Kriminalrat eifrig nickte, wandte sich die Pfarrerin Frau Freber zu und meinte: „Frau Freber, Sie sind die geeignete Person in dieser Gesellschaft, die geschichtlichen Ereignisse um die St. Johanniskirche zu erläutern, wo Sie doch den neuen Führer zu unserer Kirche schreiben wollten. Ich finde es immer noch schade, dass Sie den Plan aufgegeben haben. Mir hätte es gut gefallen, wenn der Führer aus der Feder einer aus unserem Kreis gekommen wäre, aber ich akzeptiere natürlich Ihre Entscheidung. Sind Sie also bereit dazu, hier einen geschichtlichen Abriss zu geben?"

„Freilich", nickte Frau Freber. „Wünschen Sie die kurze oder die lange Fassung?"

„Die lange Fassung, bitte schön!", war die einhellige Meinung. „Die Kurzversion kennen wir doch alle!"

„Brauchen Sie dazu Ihre Unterlagen?", fragte Frau Zelinski.

„Nein, ich habe in den letzten Monaten so viel über die frühen Jahre der Kirche geschmökert, dass ich alles Wichtige im Kopf habe", antwortete Heide.

Sie setzte sich zurecht, trank noch einen Schluck Kaffee und fing dann an zu berichten:

„Die St. Johanniskirche, die als die älteste noch erhaltene christliche Kirche unserer Stadt gilt, spiegelt die wechselvolle Geschichte von Mainz über die Jahrhunderte wider und ist aufs Engste mit der großen, europäisch-christlichen Bedeutung unserer Stadt in der Zeit des Mittelalters verwoben. Die Anfänge von St. Johannis liegen im Dunkeln der Vergangenheit. Jedoch geben zwei Zeugnisse aus frühmittelalterlicher bzw. spätkarolingischer Zeit Auskunft über ihre Wurzeln.

Da ist zum einen der Hinweis auf ein Baptisterium, Johannis dem Täufer geweiht, in einem Gedicht des aus Gallien stammenden Venantius Fortunatus aus der zweiten Hälfte des 6. Jahrhunderts. Ein Baptisterium lässt auf eine nahegelegene Bischofskirche schließen, die, der Zeit entsprechend, mit großer Wahrscheinlichkeit dem heiligen Martin geweiht war.

Zum anderen ist uns die Bonifatius-Vita überliefert, die ein Mainzer Priester um 1020 verfasste. Er berichtet, wie der Apostel der Deutschen Mainz zwischen 747 und 754 zur größten Erzdiözese Europas und zur Metropole von fünfzehn Suffraganbischofsitzen machte, deren Ausdehnung von Chur im Süden bis Verden an der Aller im Norden und bis Prag im Osten reichte. Bonifatius hatte beschieden, in Fulda, das er wohl mehr liebte als Mainz, obwohl dieser Umstand ziemlich unverständlich ist, begraben zu werden. Als er 754 bei Dokkum von heidnischen Friesen erschlagen wurde, ließen es sich die Mainzer nicht nehmen, ihm auch in seiner Bischofsstadt ein Grabdenkmal zu setzen. Wie es damals der Brauch war, wurde die Leichenwäsche in Mainz vorgenommen und das Wasser mit einem Teil der blutgetränkten Leibwäsche des Märtyrers hier begraben – eine kostbare Reliquie, die im Vorläuferbau von St. Johannis aufbewahrt wurde. Von hier begab sich auch der Leichenzug über den Rhein zur endgültigen Ruhestätte nach Fulda.

Greifbarer wird die Bischofskirche unter Erzbischof Hatto I., der von 891 bis 913 der Erzdiözese vorstand und um dessen Tod sich unzählige Geschichten ranken."

„Oh, das weiß ich", rief hier Frau Ritter von der anderen Tischseite. „Darf ich?"

Nach einem kurzen Blickwechsel mit Heide, nickte die Pfarrerin lächelnd.

„Also, der Bischof hat in einer Zeit schlechter Ernten so viel Getreide für sich und die Seinen angehäuft, dass sich das hungernde Volk gegen ihn erhob. Er musste um sein Leben bangen und verschanzte sich mit seinem Getreide im Zollturm mitten im Rhein bei Bingen. Aber die Mäuse! Die Mäuse kamen hinter ihm her. Fraßen erst sein ganzes Getreide und dann, sozusagen als Nachspeise, auch noch ihn. So war es doch, oder?"

„Ja", bestätigte Heide. „Um der Wahrheit die Ehre zu geben, muss jedoch gesagt werden, dass jener Zollturm, der Mäuseturm, erst im 13. Jahrhundert gebaut worden ist. Also gehört diese Geschichte ins Reich der Legenden. Tatsache jedoch ist, dass Hatto in der Geschichtsschreibung recht unterschiedlich beurteilt wurde. So hat der Chronist Widukind von Corvey, gestorben 973, ihn äußerst negativ beurteilt. Hattos Zeitgenosse, Regino von Prüm, gestorben 915, stellte ihm jedoch ein sehr positives Zeugnis aus. Er lobte ihn als den letzten Liebhaber der Kunst und Kultur und als großen Philosophen. Überliefert ist jedenfalls mehrfach die Nachricht, dass er ‚die Kirche zu Mainz durch edle Bauweise verherrlichte – templum Maguntiae nobili structura illustrabat', heißt es in den Akten. Bei dieser Kirche muss es sich um die St. Johanniskirche handeln, weil sie in ihren ältesten Bauteilen der von Hatto in Oberzell auf der Insel Reichenau errichteten St. Georgskirche gleicht. – St. Johannis hatte für die damalige Zeit eine gewaltige Ausdehnung. Sie maß vierzig mal dreißig Meter und war 16,5 Meter hoch. Ein Grund für Hattos Entschluss, eine neue Kirche zu errichten, mag darin gelegen haben, dass St. Alban, die damalige Bischofskirche, durch das Erdbeben, das Mainz und Umgebung am 18. August 858 erschütterte, stark beschädigt worden war."

„Halt, habe ich das richtig verstanden?", fragte Frau Zelinski überrascht. „Ein Erdbeben hier in Mainz?"

„Ja", bestätigte Dr. Nikolaus. „Es muss sogar sehr heftig gewesen sein, weil noch viele Generationen danach auf dieses Ereignis verwiesen."

„Stimmt, auch Hrabanus Maurus, der Erzbischof von 847-856 in Mainz war, hat darüber eindrucksvoll berichtet", setzte Heide hinzu. Dann fuhr sie fort: „Hatte Hrabanus Maurus besonders die geistliche Vormachtstellung von Mainz geprägt, so wurde vor allem die weltliche Machtstellung der Stadt und der Erzdiözese von Erzbischof Willigis, geboren 975, gestorben 1011, untermauert. Willigis war unter Kaiser Otto I., dem Großen, zum Kanzler und unter Kaiser Otto II. zum Erzkapellan ernannt worden. Damit war er der mächtigste Reichsfürst und höchste Verwaltungsbeamte nach dem König. Der Mainzer Erzbischof blieb unmittelbarer Vertreter des deutschen Königs und Kaisers bis 1802. Von Papst Benedikt VII. erhielt Willigis das Recht, die Krönung des deutschen Königs vorzunehmen. Willigis beginnt wahrscheinlich kurz nachdem er den erzbischöflichen Stuhl bestiegen hatte, mit dem Neubau des Domes, den er ganz nach dem Vorbild von Alt-St. Peter zu Rom gestalten wollte."

Hier meldete sich Heinz zu Wort: „Der hat Heinrich II. hier in St. Johannis im Jahre 1002 zum König der Deutschen gekrönt. Das weiß ich aus Heides Manuskript."

„Ja“, fiel Frau Kiefer ein, die zu den Damen der „Offenen Kirche“ gehörte. „Das erzählen wir immer den Besuchern. Als nämlich der Bau von St. Martin 1009 vollendet war, wurde das Fest der Kirchweih nach Mainzer Art gefeiert. Tausende von Fackeln erhellten den Neubau, hoch loderten die Flammen der Herdfeuer, über denen die Wildschweine und Kalbslenden gebraten wurden, bis sie das hölzerne Dachgestühl des neuen Doms in Brand setzten. Am nächsten Tag war von dem herrlichen und gewaltigen Dom, dem größten und schönsten der Christenheit, nur noch ein rauchender Trümmerhaufen übrig. Willigis ließ sich davon jedoch nicht entmutigen. Er zog wieder in unsere Kirche ein, ließ die verkohlten Reste von St. Martin entfernen und begann mit dem Wiederaufbau. Der Dom wurde schließlich 27 Jahre später, im Jahre 1036, unter Erzbischof Bardo geweiht. Unsere Kirche wurde Johannisstift und blieb als Stiftskirche bis 1802 bestehen.“

„Was ist denn der Unterschied zwischen einer Stiftskirche und einer normalen Kirche?“, wollte Frau Bauer wissen.

„Stifte“, so antwortete Heide, „sind so ähnlich wie Klöster organisiert, aber eben freier. Die Stiftsherrn nennt man Kanoniker und nicht Mönche. Das stimmt doch, Nicki? Oder rede ich Quatsch?“

„Nein, vollkommen richtig, mach nur weiter“, antwortete dieser.

Heide fuhr fort: „Also, Willigis war groß im Gründen von Stiften. Ihm waren Klöster mit ihren strengen Regeln und den von der Welt abgeschlossenen Mönchen zu weltfremd. Kanoniker hingegen lebten zwar mehr oder weniger nach den canones, den Lebensregeln der Mönche. Sie teilten Vermögen, Wohnung, Speise- und Schlafraum mit dem Probst wie in den Klöstern. Auch folgten sie dem gemeinsamen Gebet und den Gottesdiensten wie Mönche, waren aber dem Weltlichen zugewandt und hegten regen Austausch mit dem sie umgebenden Leben der Stadt oder Dorfgemeinschaft."

„Und", unterbrach sie hier Kommissar Schlenger, „hatten die Geld? Wurde hier ein Schatz in St. Johannis angehäuft? Ein Schatz, der vielleicht noch da ist?"

„Nein, das halte ich für ausgeschlossen", erwiderte Heide. „Davon steht nichts in den Urkunden. Vielmehr müssen die wohl recht arm gewesen sein, denn alles Geld wurde ja für Jahre hinaus in den neuen Dom gesteckt. Aber dass St. Johannis die Bischofskirche war, das wissen wir. Spätestens aus einer Urkunde von 1112, wo es heißt: ‚Ego Ceizolfus ecclesie sancti Johannis in Mogunteria, que dictur Aldedum …' Ich, Ceizolf, Probst der Kirche St. Johannis in Mainz, die Alter Dom genannt wird …"

Hier hielt Heide inne und fragte: „Bin ich zu langatmig, zu ausschweifend, zu langweilig?"

Aber der Protest der Zuhörerinnen und Zuhörer überzeugte sie vom Gegenteil. Also fuhr sie fort: „Da die Urkundenlage im mittelalterlichen Mainz merkwürdig dünn ist, hören wir weder während der Blütezeit des jüdischen ‚Magenza', das 10. und 11. Jahrhundert, der Zeit, in der das berühmte Gesetzeswerk des Gerschom ben Jehuda geschrieben wurde, noch während der erbitterten Kämpfe um Freiheitsprivilegien der Bürgerschaft gegen die Erzbischöfe etwas über St. Johannis. Als 1118 unter Erzbischof Adalbert I. von Saarbrücken in das alt-ehrwürdige Bronzeportal des Doms, das noch aus der Zeit des Willigis stammte, die Freiheitsrechte mit Gerichtsfreiheit und Selbstverwaltungsbefugnissen eingemeißelt wurden, schwieg der Chronist zu St. Johannis.

Auch im Jahr 1160, zur Zeit des skandalösen Bischofsmords in Mainz, als die erboste Bevölkerung sich gegen weitere Abgaben und Zinsen durch den Erzbischof Arnold von Selenhofen wehrte und ihn kurzerhand umbrachte, dämmert St. Johannis vor sich hin. Die Freveltat der Mainzer wurde von Kaiser Barbarossa durch Reichsacht und Schleifung der Stadtmauern geahndet. Beherzt gingen die Mainzer jedoch sofort an den Wiederaufbau der notwendigen Befestigung der Stadt. Um 1200 waren alle Schäden beseitigt und der steile Aufschwung der Stadt zu wirtschaftlicher Blüte, zur ‚Aurea Moguntia', zum ‚Goldenen Mainz', begann."

„Ah, jetzt lockt die Spur des Geldes!", rief da Herr Schlenger dazwischen.

„Nein", antwortete Heide. „Wieder muss ich Sie enttäuschen. Ganz im Gegenteil. St. Johannis verfiel immer mehr. Endlich, 1231, die Kirche war bereits ziemlich baufällig, entschied Erzbischof Siegfried III. von Eppstein, dass alle Kircheneinnahmen des Stifts zwei Jahre lang für den Kirchenbau verwendet werden durften. Daraufhin wurde das Querschiff der Kirche abgebrochen und die seitlichen Vierungsöffnungen vermauert. Als 1251 der päpstliche Legat, Kardinal Hugo, in Mainz weilte, stockten die Bauarbeiten erneut aus Geldmangel. So erließ er einen Ablass aller Sünden denjenigen Spendern, die die Renovierungsarbeiten unterstützten. Sie sehen, Herr Schlenger, von Schatz kann gar keine Rede sein."

„Moment mal, wir sind hier doch mitten in der Zeit des wirtschaftlichen Aufschwungs, als Mainz dem Rheinischen Städtebund vorstand. Nicht einmal da hatten die armen Leute von St. Johannis genügend Geld?", wollte Heinz wissen.

„Ja, so ist es", antwortete Heide. „Der Ablassbrief musste 1300 von Erzbischof Gerhard II. von Eppstein sogar erneuert werden. Erst 1320 waren genügend Gelder vorhanden, um den Plan zu fassen, die marode Kirche völlig abzureißen und neu zu erbauen. Der gotische Westchor entstand im Jahr 1325. Danach fehlte erneut das Geld. So wurde kurzerhand der Altar in die östliche Apside gelegt und der Westchor mit dem Hauptschiff verbunden. 1327 taucht im Zinsregister des Johannisstifts erneut der Hinweis auf die Kirche als dem alten Dom auf. ‚... ad ecclesia S. Joannis, quae fuit antiquitus cathedralis ecclesia Moguntina.' Weder während des Ständekampfes zwischen Adel und Zünften bis 1352, noch in den Jahren um die Mainzer Stiftsfehde von 1462 lassen sich Hinweise auf die St. Johanniskirche finden. Erst 1552, nach der Zerstörung des St. Victoriastiftes und vieler anderer Gebäude durch Markgraf Albrecht Alcibiades von Brandenburg, rückt die St. Johanniskirche wieder in den Blick, weil sie den Stiftsherrn des Victoriastiftes bis 1802 Mitbenutzungsrechte einräumt. Hier wird auch zum ersten Mal erwähnt, das Gelder in die Kassen des Stiftes fließen, nämlich der Kirchenschatz des Victoriastiftes, den der Brandenburger wohl nicht fand oder der ihn nicht interessierte. In jedem Fall wird noch im gleichen Jahr eine gründliche Dachreparatur durchgeführt und 1602/3 lässt der Dekan von St. Victor sowohl die Grabstätte des Bonifatius renovieren als auch das Innere der Kirche."

„Na", meldete sich an dieser Stelle Herr Schlenger wieder zu Wort. „Von dem Geld ist ja wohl spätestens im Dreißigjährigen Krieg alles futsch!"

„Sie sagen es," bestätigte Heide. „Es ist ein Leichtes für den schwedischen König Gustav Adolf und seine Söldner 1631 die Stadt einzunehmen und zu plündern. Der Domschatz ist auf jeden Fall weg. Und St. Johannis dürfte es nicht anders ergangen sein. Allerdings bringt die Belagerung der Stadt durch die Kaiserlichen eine Pestepidemie mit sich, die die Hälfte der Mainzer Bevölkerung dahinrafft, aber die Besatzer 1635 zur Aufgabe zwingt."

Dieses Mal unterbrach sie der Kriminalrat: „Haben Sie nicht irgendeinen Hinweis auf eine Bibliothek gefunden? Auf Bücher?"

„Nein, nichts. Die Kanoniker haben wohl nicht allzu viel gelesen. Und wenn Sie auf die jüdischen Schriften anspielen, muss ich Ihnen sagen, dass sich die Stiftsherren sicher lieber hätten blenden lassen, als in jüdischen Büchern zu lesen", antwortete Heide.

„Aber weiter. Nach dem Westfälischen Frieden leitet Johann Philipp von Schönborn eine neue Aufwärtsentwicklung der Stadt ein, mit dem Bau gewaltiger Befestigungsanlagen. Zur gleichen Zeit werden1685 in St. Johannis unter dem Dekan Johannes Ludwig Cüntzer weitreichende Renovierungsarbeiten und Umbaumaßnahmen durchgeführt, bei denen unter anderem der Fußboden um 2,65 Meter erhöht wird, um dem leidigen Problem des wenig standfesten Fundaments der Kirche beizukommen. – Wieder eineinhalb Generationen später, 1737/38, in der Blütezeit des kurfürstlichen Mainz, während in der ganzen Stadt prächtige Barockbauten von den berühmtesten Baumeistern der Zeit errichtet werden, legt man die alte Ostapsis von St. Johannis nieder und ersetzt sie durch ein großes Portal. Altäre und Chor werden nach Westen versetzt. Bis 1765 werden immer wieder Renovierungs- und Erneuerungsarbeiten durchgeführt. – 1767 brennt das Paradies, also der oberirdische Teil des Verbindungsgangs zwischen St. Johannis und dem Dom, ab und die Reste werden abgetragen. 1792 wird Mainz im Zuge der Französischen Revolution besetzt. Da viele Mitglieder des Adels, der Geistlichkeit und der Bürgerschaft die Stadt fluchtartig verlassen hatten, konnte der

Besatzung kaum Widerstand entgegengesetzt werden. Die Besatzungsarmee war größer als die zurückgebliebene Bevölkerung der Stadt, sodass die Unterbringungsmöglichkeiten und die Versorgung der Besatzer äußerst schwierig waren. Viele Gebäude mussten zweckentfremdet werden, so auch St. Johannis, das dem französischen Militär als Strohmagazin diente. Bei der Belagerung und Rückeroberung durch die kaiserlichen Truppen, die vor allem aus österreichischem und preußischem Militär bestanden, wurden Kirchendach, Gewölbe, Orgel und Fußboden mit Hunderten von Haubitzen beschossen, weil man hier ein Magazin vermutete. St. Johannis entging jedoch dem Schicksal der gotischen Liebfrauenkirche, östlich des Doms gelegen, die gänzlich zerstört wurde. Allerdings ging der Kirchenschatz von St. Johannis in den Wirren des Überfalls verloren.

Auch nach Abzug der französischen Besatzung wurde die Kirche von Truppen missbraucht, nun von den kaiserlichen, die sie als Räucherkammer für ihre Fleischvorräte nutzten. Die Instandsetzung nach diesem Missbrauch kostete 1796 mehrere tausend Gulden. 1797 fiel die ganze Stadt, gemäß dem Frieden von Campoformio, an Frankreich und wurde 1801 dem französischen Staat einverleibt.

Die Zahl der evangelischen Christen war im ersten Viertel des 19. Jahrhunderts ständig gewachsen und man bat den französischen Stadtkommandanten, einen eigenen Kirchenraum für den sonntäglichen Gottesdienst erwerben zu dürfen. Nach langen Verhandlungen war es schließlich so weit. 1828 wurde die St. Johanniskirche den evangelischen Christen zugewiesen. Das Militärdepot wurde entfernt, Um- und Renovierungsbauten wurden vorgenommen und am 7. November 1830 konnte die feierliche Einweihung der Kirche festlich begangen werden.

Als 1857 der Pulverturm auf dem Kästrich explodierte, wurde die Kirche mit den umliegenden Gebäuden beschädigt, konnte 1884 aber wieder hergestellt und mit einer Sauer-Orgel ausgestattet werden.

Den Ersten Weltkrieg überstand St. Johannis bis kurz vor dem Ende, als die Kirche am 15. September 1918 noch eine Fliegerbombe abbekam, wodurch Decke und Haupteingang beschädigt wurden. Viel schlimmer war dann der Zweite Weltkrieg, in dem sie bereits im August 1942 von Brandbomben getroffen wurde und völlig ausbrannte. In diesem Angriff muss Heinrich Cohn, der wahrscheinlich seit Anfang oder Mitte 1939 Schutz in St. Johannis gefunden hatte, ums Leben gekommen sein."

An dieser Stelle wurde Heide von Frau Dr. Herzog unterbrochen: „Nach nochmaligem Durcharbeiten der Aufzeichnungen des Heinrich Cohn, was ich ohne Zeitdruck durchführen konnte", dabei warf sie einen kritischen Blick in Pohls Richtung, „komme ich zu dem Schluss, dass Cohn tatsächlich Gerschom ben Jehudas Schriften, den Takkanot-SCHum oder, wie sie im christlichen Abendland besser bekannt sind, die ‚Mainzer und Wormser Kommentare' in Händen hatte."

„Oho", fielen da Pohl und Nikolaus wie aus einem Munde ein. „Wie kommen Sie darauf, Frau Herzog?"

Ein anderer aus der Runde fragte verblüfft: „Was heißt denn SCHum?"

Wieder ein anderer wollte wissen: „Wer war Gerschom ben Jehuda?"

Als alle durcheinander redeten, hob die Pfarrerin die Hand und bat um Ruhe. Dann forderte sie Frau Dr. Herzog auf, fortzufahren.

„Also", begann diese, „Gerschom ben Jehuda, auch Meor

ha-Gola, Leuchte des Exils, genannt, war einer der berühmtesten Gelehrten des Mittelalters. Geboren um 960 in Metz studierte er dort den Talmud und kam um etwa 1000 nach Mainz, wo er die Talmudakademie eröffnete, die bald der Mittelpunkt jüdischer Gelehrsamkeit werden sollte. Unter den drei SCHum-Städten, Speyer (Schin für Spira), Worms (Vav für Warmaisa, wobei V und W gleich U sind) und Mainz (Mem für Magenza), erhielt Mainz durch ihn die Führungsrolle im 11. Jahrhundert. Die Gelehrten dieser drei Städte trugen die Auslegungen des Talmud zusammen und Gerschom schrieb sie auf und entwickelte Gesetze, nach denen den Juden ein wahrhaft frommes Leben ermöglicht wurde. Das Buch ‚Sefer Chassidim', das ‚Buch der Frommen', entstand, aus dem Heinrich in seinem kirchlichen Exil unter St. Johannis zitiert. Er nennt an einer Stelle den Hinweis, dass der Ehemann sich nicht ohne die Zustimmung seiner Frau von ihr scheiden lassen dürfe. Dieses Zitat, so wie er es wiedergibt, kann nur aus dem ‚Sefer Chassidim' stammen. Daher gehe ich davon aus, dass er im Besitz eben dieses Buches war, ein Buch, das seit Jahrhunderten als verschollen galt."

Dr. Nikolaus fragte: „Und haben Sie auch mehr Anhaltspunkte gefunden, wo er das Buch aufbewahrte?"

„Nein", antwortete sie. „Er verwies nur darauf, dass er es in einer Nische im Gang versteckt hielt und auch vor seinem Neffen Leo geheim hielt."

Herr Pohl fiel ein: „Das deckt sich auch mit unseren Ermittlungen. Bei dem Mord handelt es sich mit großer Wahrscheinlichkeit um eine Tat aus Gewinnsucht und das besagte Buch kann durchaus der Grund gewesen sein, weswegen Frau Berger und ihr Mörder in die unterirdischen Gewölbe der St. Johanniskirche eindringen wollten!"

Herr Bart, der wie alle anderen diesen Ausführungen

atemlos gelauscht hatte, warf ein: „Aber wer soll denn Interesse an alten Büchern haben und dafür nicht nur einen Einbruch, sondern sogar einen Mord begehen?"

„Oho", antwortete darauf Herr Nikolaus, „da gibt es so einiges zu verdienen. Denken Sie nur an das Exemplar der Gutenberg-Bibel oder an das Evangeliar Heinrichs III. Beide Bücher gingen auf dem Kunstmarkt für zweistellige Millionenbeträge über den Tisch. Ganz zu schweigen von fanatischen Privatsammlern, die auch vor Gewalttaten nicht zurückschrecken, um solche Kostbarkeiten ihren Bibliotheken einzuverleiben!"

Hier mischte sich wieder Herr Pohl ein: „Das ist alles richtig. Ich setze aber nach wie vor auf den Neffen von Heinrich Cohn, Leo. Denken Sie nur, er war allein in dem halb zerstörten Kellergewölbe und hat den gesamten Krieg oder zumindest einen Teil davon in dem Gang zwischen St. Johannis und dem Dom verbracht. Er hatte also genügend Zeit, um jeden Winkel zu erforschen. Sie, Herr Nikolaus, haben doch nachgewiesen, dass die Kratzspuren an der Einbruchstelle vom Gang aus während des Krieges entstanden sein müssen. Nein, ich setze auf den Neffen. Ich bin sicher, wir kommen der Sache näher, wenn wir den Verbleib des Neffen ausfindig machen können. Und da Frau Freber freundlicherweise die Aufgabe übernommen hat, hege ich auch großes Zutrauen auf einen Erfolg."

Heide lächelte dazu gequält und hob die Hände in gespielter Verzweiflung. „Zum einen ist er wahrscheinlich längst tot und zum anderen hasse ich Vorschusslorbeeren!"

Jetzt meldete sich Frau Bauer, die auf der anderen Seite der Johannisstraße wohnte und einen freien Blick auf Kirchenportal und Gartentür zum Gemeindeanwesen aus ihren Fenstern besaß. „Herr Pohl, wissen Sie von den übel aussehenden Männern, die Frau Ritter, Herr Jakob und ich mehrmals haben hier herumlungern sehen?"

„Ja, darüber bin ich unterrichtet. Wann genau haben Sie diese zwei Männer, ich dachte, sie hätten gesagt, es seien immer zwei, das letzte Mal gesehen?"

Frau Kiefer, die bislang geschwiegen und nur still und unauffällig die Kaffeetassen nachgefüllt hatte, meldete sich jetzt zu Wort: „Also, ich habe drei gesehen."

Pohl und Schlenger warfen sich einen raschen Blick zu. „Also doch!", murmelte Schlenger.

Frau Kiefer fuhr fort: „Am Freitagabend vergangener Woche das letzte Mal. So um 17.30 Uhr herum, als ich ins Gemeindehaus ging, um die Andacht um 18 Uhr vorzubereiten. Sie standen vor der Anzeigentafel des Immobilienmaklers auf der anderen Straßenseite und studierten die Angebote."

„Ja", bestätigte Frau Bauer, „das war auch für mich das letzte Mal. Aber ich habe diesen gut angezogenen, etwas altmodischen Herrn, der am Morgen des Mordtages so schnell über die Schöfferstraße verschwunden ist, noch einmal gesehen. Warten Sie, das muss vorige Woche Mittwoch gewesen sein. Meine Putzfrau hatte abgesagt und ich versuchte selbst die Fenster zu putzen. Da sah ich ihn. Ich fand es noch komisch, weil ich ihn vor dem Mordtag noch nie gesehen hatte. Muss wohl ein Neuzugezogener sein."

Pohl wirkte mit einem Mal elektrisiert. „Davon haben Sie mir ja gar nichts erzählt!", sagte er mit leichtem Tadel in der Stimme. „Wie sieht er denn aus? Können Sie ihn beschreiben?"

„Na, ja", meinte Frau Bauer nachdenklich. „Ich habe beide Male ja nur einen kurzen Blick auf ihn werfen können. So 1,75 groß würde ich sagen, schlank, beinahe schon mager.

Aber das Auffällige ist sein Outfit. Dunkle Hosen, ein dreiviertellanger, taillierter Mantel und etwas so Altmodisches wie Gamaschen. Aber das kann wohl nicht sein. Vielleicht zweifarbige Schuhe. Sie wissen schon. Wie sie in den Fünfzigerjahren Mode waren."

„Und sein Gesicht", setzte Pohl gespannt nach. Auch Schlenger, der bis dahin eher gelangweilt den Gesprächen der Tafelrunde gefolgt war, schien plötzlich hellwach und gespannt wie ein Flitzbogen.

„Das konnte ich nicht wirklich sehen", erwiderte Frau Bauer. „Er trug einen dunklen, weichen Hut, so ein englisches Gutsherrenmodell. Hager, würde ich sagen, aber wirklich beschreiben kann ich es nicht." Sie sah dabei richtig unglücklich aus, sodass der Kriminalrat beruhigend bemerkte: „Das ist schon sehr hilfreich. Danke, Frau Bauer. Hat noch einer von Ihnen diesen Herrn bemerkt?"

Herr Bart meldete sich nachdenklich: „Also, vor ein paar Wochen, gleich nachdem der Zeitungsartikel mit dem möglichen Wiederauftauchen des verschollenen Werkes von Gerschom ben Jehuda erschienen war, hatte ich einen Besucher, der auf die Beschreibung passen könnte. Er wollte sich über die Kosten einer Beerdigung informieren. Wir kamen ins Gespräch und er fragte mich, ob das da drüben – und er wies auf die Johanniskirche – nicht der Ort sei, wo dieses wertvolle Buch vermutet wurde. Ich fand es noch verwunderlich, dass er sich für das Buch interessierte und nicht für die Leiche, die dort gefunden worden war. Er verließ dann auch ziemlich schnell den Laden, ohne eine konkrete Bestellung aufgegeben zu haben. Aber fragen Sie gar nicht weiter", wandte er sich an Pohl. „Wie er aussah, weiß ich nicht mehr und wiedererkennen würde ich ihn wahrscheinlich auch nicht!"

Enttäuscht wandte sich Pohl an die anderen Tischgäste. „Und Sie, haben Sie etwas beizutragen?" Alle in der Runde sahen sich an und schüttelten den Kopf.

„Na, da kann man nichts machen", knurrte Herr Schlenger.

Man redete noch eine Weile über die Ereignisse, die Kirche und natürlich über den Mord. Aber weitere Informationen zum Hergang des Verbrechens oder über das Verschwinden oder mögliche Auftauchen des Buches oder der Bücher kamen nicht zutage. Pohl bat alle Beteiligten um erhöhte Aufmerksamkeit und verpflichtete sie, ihn sofort in Kenntnis zu setzen, wenn ihnen irgendetwas auffiele und sei es noch so geringfügig. Dann verabschiedeten er und Schlenger sich und gingen.

Kurz danach, als der graue Nachmittag in den Abend übergegangen war, brachen auch die anderen auf. Heide und Heinz verließen die Runde zusammen, hielten auf ihrem Weg noch eine lebhafte Nachlese der Gespräche und trennten sich am Ende der Fußgängerzone auf der Mittleren Bleiche.

Heide grübelte auf dem Rest ihres Heimweges über die Beschreibung des Mannes nach, den Frau Bauer in der Johannisstraße beobachtet hatte, und die ihr vage bekannt vorkam. Aber besinnen, wo sie einen solchen Mann oder sollte man besser sagen Herrn, gesehen hatte, konnte sie sich nicht. Sie ahnte nichts von den erschreckenden Ereignissen, die sich zur gleichen Zeit, als sie ihre Haustür aufsperrte, zutragen sollten.

IX.

Das Geheimnis um den Domkapitular

Der Montag versprach einer dieser klaren, staubfreien Vorfrühlingstage zu werden, die der März manchmal hervorbringt. Heide schaute dem Sonnenaufgang zu, der schon ein ganzes Stück weiter östlich als noch vor einigen Wochen den Himmel über dem Taunus in ein rosa-violettes Licht tauchte. Ein weißes Wolkenband geformt wie ein Ballettröckchen lag am Fuße des Feldbergs und des Altkönigs, während beide Bergspitzen in der klaren Morgenluft hart akzentuiert vor dem rosa überhauchten Himmel standen. „Ist das nicht zauberhaft?“, sagte sie zu ihrer Katze Semiramis, die von Heides Schoß aus ebenfalls den Himmel zu betrachten schien. „Ein Jammer, dass man nicht malen kann, findest du nicht, Katze? Auch wenn das Ergebnis wahrscheinlich ziemlich kitschig ausfallen würde.“

Nach ihrem Spaziergang, der morgendlichen Dusche und dem Frühstück überlegte sie, was sie mit dem heutigen Tag anfangen wollte. Noch einmal wanderten ihre Gedanken, wie schon mehrmals am vergangenen Wochenende, zurück zu der merkwürdigen Äußerung des Kriminalrats Pohl von Freitagnachmittag im Zusammenhang mit dem möglichen Buchfund in St. Johannis.

Warum glaubte er, Leo Mannheimer, der nach seiner spektakulären Flucht durch das besetzte Frankreich und das von Kriegswirren erschütterte Westdeutschland ebenfalls in St. Johannis einen Unterschlupf gefunden hatte, könne etwas über den Verbleib des Buches oder der Bücher beitragen? Das war doch im höchsten Maße unwahrscheinlich! Wären die Werke von ihm gefunden worden, hätte er sie doch mit

Sicherheit mitgenommen. Denn dass er den sicheren Zufluchtsort verlassen hatte, war ja bewiesen, weil man seine Leiche nicht im Gewölbe von St. Johannis gefunden hatte.

Was bezweckte der Kripochef mit seiner Äußerung? Hatten die Ausgräber des Laufganges unter dem Paradies zwischen St. Johannis und dem Dom doch das mögliche Versteck der durch Heinrich Cohn geborgenen Bücher gefunden? Auch diesen Gedanken verwarf Heide schnell wieder. Dann hätte Dr. Nikolaus ihr das bei ihrem Besuch am Fastnachtssonntag, als sie zusammen die Ausgrabungsstätte besichtigten, doch sicher erzählt. Und wenn er das mögliche Versteck später gefunden hätte, wäre diese Tatsache doch mit großer Sicherheit am Freitag besprochen worden. Nein, das machte alles keinen Sinn.

Möglich wäre allerdings ein anderer Gedankengang. Je länger Heide über diese zweite Möglichkeit nachdachte, desto einleuchtender erschien sie ihr. Der Polizist wollte sie anstacheln! Das musste es sein. Das passte genau zu den verschlungenen Gedankengängen, die man diesem alten Fuchs zutrauen konnte. Pohl glaubte doch tatsächlich, dass sie, Heide, nur dann ernsthaft die Spur des damals Anfang zwanzigjährigen Leo aufnehmen würde, wenn sie auf diesem Wege auch das kostbare Buch zu fassen bekommen könnte.

Eigentlich sollte sie sich über so eine Einschätzung ihrer Motivation ärgern. Auf der anderen Seite musste sie zugeben, dass sie ihm gegenüber häufig ihre Faszination für alte Bücher betont hatte. Schließlich hatte er ihr ja aus diesem Grunde sogar einen Mord zugetraut. Sei es, wie es sei. Sie wollte sich nicht von ihrem Anliegen abhalten lassen, die Geschichte der Familie Mannheimer bis zu ihrem bitteren Ende aufzuklären. Aus diesem Grunde würde sie zuerst den Domkapitular aufspüren, der Leo Mannheimer Unterschlupf gewährt hatte. Die verschrobenen Denkvorgänge eines Kriminalrats gingen sie nichts an. Sollte der den Mörder fangen, sie würde den Priester aufstöbern.

Just in dem Augenblick klingelte das Telefon. Wer will denn jetzt schon wieder etwas von mir, dachte sie leicht verärgert, weil sie nach wie vor das Telefon hasste. Wenn sie tagelang mit niemandem, außer mit ihrer Katze sprach, haderte sie mit ihrem Schicksal, aber wenn jemand am Telefon mit ihr sprechen wollte, war es ihr auch nicht recht. Dumme Ziege, schimpfte sie sich selbst und meldete sich.

Von der anderen Seite der Leitung tönte ihr eine Alt-Herrenstimme mit den Worten entgegen: „Hier ist Pfarrer Halbenstein. Sie haben mir geschrieben und es kann sein, dass ich Ihnen helfen kann."

„Na, so etwas, das ist ja großartig. Danke, dass Sie anrufen. Gerade habe ich über Sie nachgedacht! Kennen Sie noch Ihre alten Kollegen von kurz nach dem Krieg?", antwortete Heide hocherfreut.

Pfarrer Halbenstein hatte Folgendes zu berichten: Er und die beiden anderen Kollegen, die von Heide angeschrieben worden waren, hatten sich zusammengesetzt und über die alten Zeiten geredet. Er, Halbenstein, wolle sie nicht mit den alten Geschichten langweilen, aber sie drei waren zu dem Schluss gekommen, dass es ihrem Kollegen Brandstätter, der fast neunzigjährig in den Siebzigerjahren des 20. Jahrhunderts gestorben sei, ähnlich gesehen hätte, wenn er einem oder mehreren jüdischen Flüchtlingen während des Zweiten Weltkriegs Schutz und Hilfe hätte zukommen lassen. Domkapitular Brandstätter sei bis ins hohe Alter hinein ein eigenständiger Denker gewesen und hätte bis an sein Lebensende Schwierigkeiten gehabt, sich anzupassen und sich an von ihm als unsinnig erkannte Regeln zu halten. Halbenstein erzählte wie viele alte Menschen eine Menge von Begebenheiten, die diesen Charakterzug des alten Brandstätter erhellten. Obwohl er versprochen hatte, Heide nicht mit alten Erinnerungen aufzuhalten, hatte sie Mühe, seinen Redestrom zu unterbrechen.

Als er endlich einmal Luft holte, konnte sie einhaken: „Herr Domkapitular Halbenstein, können Sie mir irgendetwas über noch lebende Verwandte Ihres verstorbenen Kollegen Domkapitular Brandstätter sagen? Irgendeinen Hinweis, wo ich ansetzen kann, um mehr über die Kriegs- und Nachkriegszeit und die Rolle, die Brandstätter dabei spielte, zu erfahren?"

„Also ja, ja! Entschuldigen Sie, dass ich Sie mit den alten Geschichten aufhalte. Ja, ich rufe doch deswegen an. Verzeihen Sie einem alten Mann!"

Heides Spannung stieg, aber sie wagte nicht, den Redestrom des alten Herrn erneut zu unterbrechen. Endlich kam er mit der von ihr ersehnten Antwort. Nach seiner und der Kollegen Erinnerung habe Brandstätter einen Bruder gehabt, auf dessen Bauernhof in Heidesheim er des Öfteren zu Besuch gewesen sei. Von dort habe er auch während des Krieges, so Halbensteins Erzählungen, immer wieder Lebensmittel für sich und seine Mitbrüder organisieren können. Und wieder ergoss sich der Redestrom eines alten Mannes, der in Erinnerungen schwelgte, über Heide. Erschöpft hörte sie nur noch mit halbem Ohr zu. Sie konzentrierte sich erst wieder auf die Aussagen des alten Priesters, als er bedauerte, nicht zu wissen, ob der Bauernhof des Bruders Brandstätter noch existierte, aber dass er in Heidesheim lag, darüber wären er und seine beiden Mitbrüder sich einig.

Heide bedankte sich überschwänglich und legte erleichtert den Hörer auf. Na, das war doch mal eine erfolgreiche

Wendung! Mit dieser Auskunft ließ sich doch etwas anfangen. Sofort griff sie zum Telefonbuch. Ja, es gab drei Telefoneinträge unter diesem Namen in Heidesheim. Ein Blick auf die Uhr zeigte ihr, dass sie jetzt um 11.15 Uhr durchaus bei wildfremden Menschen anrufen könnte. Gesagt – getan. Unter der ersten angegebenen Nummer meldete sich niemand, obwohl sie das Telefon mindestens zwanzigmal läuten ließ. Unter der zweiten Nummer hatte sie mehr Erfolg. Eine energische weibliche Stimme meldete sich mit „Brandstätter“ und einem deutlichen Fragezeichen am Ende des Wortes. Heide nannte ihren Namen, entschuldigte sich für die Störung und fragte hoffnungsvoll, ob Frau Brandstätter einen Domkapitular, der dem Mainzer Domkapitel in den Jahren des Zweiten Weltkrieges angehört hatte, in der Familie habe. Die Frau schien erstaunt, aber nicht verärgert zu sein, eine solche Frage von einer Fremden gestellt zu bekommen.

„Ja, ja“, sagte sie, „der Onkel meines Mannes war Domkapitular. Aber der ist schon lange tot. Ich habe ihn gar nicht gekannt. Nur gehört von ihm.“ Heide schluckte ihre Enttäuschung herunter und fragte, ob sie Frau Brandstätters Mann anrufen könnte. Es sei sehr wichtig. Frau Brandstätter wollte zuerst wissen, um was es denn eigentlich ginge. Aber sie unterbrach sich selbst und rief: „Herbert, komm doch mal her, da will dich jemand nach deinem Onkel Herbert befragen!“ und wieder zurück zum Telefon und zu Heide sagte sie: „Mein Mann ist gerade zur Tür hereingekommen, ich gebe ihn Ihnen mal schnell.“

Heide wartete atemlos. Dann eine Männerstimme: „Brandstätter, ja?“

Heide erklärte noch einmal, wer sie war, und schilderte dann, wie sie herausgefunden habe, dass der Onkel, Domkapitular Herbert Brandstätter, mit großer Wahrscheinlichkeit zu einem der Helden des Alltags gehört habe. Er habe nämlich während des „Dritten Reiches“ einen oder mehrere Juden vor der Verfolgung durch das Nazi-Regime beschützt. Der junge Herr Brandstätter hörte sich die Geschichte in Ruhe an, schwieg dann für einige Augenblicke und fragte dann: „Und was wollen Sie jetzt von mir?“

Heide erklärte ihm, dass sie an Aufzeichnungen oder Briefen oder auch nur mündlichen Überlieferungen des Onkels interessiert war. Sie erklärte dem Neffen, wie sie auf die Spur des Domkapitulars gekommen sei und dass sie Nachforschungen über eine Familie Mannheimer anstelle, deren zwei Mitglieder wahrscheinlich von dem Onkel des Herrn Brandstätter versteckt worden seien.

„Nein“, meinte der junge Brandstätter, „darüber weiß ich nichts. Aber vielleicht die Therese. Sie lebt bei meiner jüngeren Schwester Lilo, die mit ihrem Mann einen Obstbauernhof hier in Heidesheim betreibt. Ich gebe Ihnen mal die Nummer von der Lilo. Die Theres hört ziemlich schlecht und geht auch nur ans Telefon, wenn sie mag.“ Er nannte die Nummer und Heide schrieb eifrig mit. Dann bedankte sie sich, nahm die guten Erfolgswünsche von Herrn Brandstätter entgegen und legte auf.

Das war doch mal ein Erfolg, dachte sie erleichtert. Sie wählte die genannte Nummer und tatsächlich meldete sich am anderen Ende bereits beim dritten Läuten eine Lioba Huber mit einer jungen, frischen Stimme. Heide erklärte, woher sie die Nummer habe und den Grund ihres Anrufes. Frau Huber hatte schnell erfasst, dass Heide eigentlich mit Therese Brandstätter Kontakt aufnehmen wollte und sagte: „Hören Sie, wenn Sie mit der Theres sprechen wollen, bringen Sie Geduld und starke Nerven mit. Sie hört ein bisschen schlecht, und weil sie nicht mehr viel Besuch bekommt, ist sie auch ein bisschen nervig. Wann wollen Sie denn kommen?"

„Am liebsten gleich."

„Na ja, das geht dann doch a bissi schnell. Kommen Sie heute Nachmittag. So um vier. Ich sag der Theres Bescheid." Sie verabschiedeten sich und Heide war mit sich und der Welt zufrieden.

Pünktlich um 15.30 Uhr fütterte Heide ihr Navi mit der Adresse des Hofes Huber in Heidesheim, wo sie Frau Therese Brandstätter, die jüngste Schwester des verstorbenen Domkapitulars, treffen sollte. Sie folgte der Landstraße am Waldfriedhof vorbei, über Budenheim bis nach Heidenfahrt. Bei offenem Fenster sang sie vergnügt vor sich hin und hörte kaum, was ihr die „Tante Navi" auftrug. In Heidenfahrt ließ sie das Wagenfenster wieder hochschnurren, zu viel Frühlingsluft wollte sie dann doch nicht riskieren. Sie fuhr auf der Hauptstraße nach Heidesheim, und als sie die Autobahn unterquert hatte, folgte sie den Anweisungen des Navigationsgerätes durch ein Wirrwarr an schmalen Straßen am Rande der Ortschaft. Sie stand vor einem geschlossenen Hoftor, als das Navi ihr verkündete, sie habe ihr Ziel erreicht, das Ziel sei links!

Sie schloss den Wagen ab und öffnete die kleine Tür, die in dem riesigen Hoftor eingelassen war. Über den weiten Hof, der voller Blumenkübel stand, in denen bunte Primelbüschel blühten, sah sie Therese Brandstätter bereits vor der Haustür stehen. Sie war ein schmächtiges, kleines, gebücktes Weiblein in bunter Kittelschürze, Strickjacke und Hausschuhen. Aber ihre Augen blitzten lebhaft aus dem verhutzelten Gesicht.

„Ah, Sie sind die Frau, die meinen Bruder Herbert gekannt hat! Kommens nur, kommens." Sie zog Heide ins Haus. „Nein", antwortete Heide, „gekannt habe ich Ihren Bruder nicht. Aber ich würde gern mit Ihnen über ihn sprechen."

Inzwischen hatten sie einen dunklen Hausflur betreten und nun kletterte die alte Frau mühsam eine steile Stiege hinauf, während sie ununterbrochen weiterredete. Der Bruder, ja, der sei Domherr gewesen und so ein freundlicher Herr, und und … Atemlos blieb sie am oberen Treppenabsatz stehen und wischte sich eine graue Haarsträhne aus dem Gesicht.

„Kommens nur weiter, hier geht's rein."

Sie öffnete die dunkelbraune Tür, schlurfte durch das kleine, mit dunklen, schweren Möbeln vollgestopfte Zimmer und ließ sich aufatmend auf dem Sofa nieder. Heide war ihr gefolgt und nahm auf dem Sessel gegenüber Platz. Auf dem Tisch zwischen ihnen standen Kaffeetassen und ein großer Teller mit Marmorkuchen bereit.

„Hat die Lioba gebacken. Greifens nur zu. Und Kaffee is auch da. Schenkens ein?"

Heide tat, wie ihr geheißen.

„Sie müssen wissen", fuhr die alte Frau fort, „ich bin die Halbschwester von dem Herbert. Nach dem Tod seiner Mutter hat der Vater noch einmal geheiratet. Man konnte den Hof ja nicht ohne Frau bewirtschaften. Und dann in den Hungerjahren … Also, ich war erst sechs, als der Herbert Primiz gefeiert hat. Oh mei, das war ein Fest. Das ganze Dorf war da und die Blumen, überall Blumen, die ganze Gass runter, auch auf den Zäunen. Das vergess ich mein Lebtag nit! Also, der Herbert war a Held? Ja, des glaub ich gern! Der Herbert, der hat immer seinen eigenen Kopf gehabt. Und ein guter Pfarrer ist er gewesen. Erst drüben in Ingelheim an der Remigius-Kirche. Sie wissen schon, die alte, droben am Berg. Und dann in Mainz. Da han sie ihn dann auch zum Domherrn gemacht." Stolz schwang in der Stimme der alten Frau.

Heide rechnete schnell nach. Wenn sie zur Primiz, zur Priesterweihe des Bruders sechs gewesen war, musste sie so um 1920 herum geboren sein. Wenn ihre Vermutung stimmte und Brandstätter der richtige Domherr war, dann konnte Therese etwas von den Mannheimers wissen. Sie entschloss sich, einen Versuchsballon aufsteigen zu lassen.

„Hören Sie, Frau Brandstätter, sagt Ihnen der Name Heinrich Cohn irgendetwas, oder vielleicht Leo Mannheimer?"

Frau Brandstätter schaute sie nachdenklich an. „Wer solln das sein?", fragte sie irritiert. Heide erklärte, dass sie annähme, dies seien die beiden Männer, Juden, die ihr Bruder während des Krieges versteckt habe. Er hätte sie auch mit Lebensmitteln versorgt haben müssen. Frau Brandstätter überlegte lange.

„Nein", sagte sie schließlich. „An die Namen kann ich mich nicht erinnern. Aber wissen Sie, der Herbert hat nie viel von sich oder seinem Leben erzählt. Er ist freilich oft im Krieg hier gewesen, meist mit dem Radl, oft aber auch zu Fuß. Ja, er hat Obst und manchmal auch Fleisch, wenn wir ein Schwein haben schlachten können, mitgenommen. Aber er hat immer gesagt, er brauchts für die Brüder. Und der Vater hats gern gegeben und später dann auch mein anderer Bruder, der Michael, der den Hof übernommen hat. Aber der ist ja auch schon lange tot. Aber warten Sie mal, der Herbert hat noch Sachen hier. Auf dem Speicher. Wollens raufgehen? Ich pack die Stiegen nicht mehr so. Ich sag Ihnen, wos suchen müssen. Es ist ein Persilkarton. Wenns die Falltür aufmachen, ganz links hinten. Er ist zugeschnürt. Bringens ihn halt runter. Aber schwer isser. Das weiß ich noch. Passens nur auf. Ich mach Ihnen Licht.“

Heide erklomm die steile Dachstiege, stemmte die Falltür auf und eine Ladung Staub ergoss sich über ihr Haupt.

„Auwei“, rief die alte Frau Brandstätter, „mir san halt lang nit oben gwesen.“

Heide lachte. „Macht doch nichts, ist doch nur Staub.“

Beherzt klappte sie die Falltür nach hinten und stieg in den staubigen Spitzboden. Nach den Anweisungen der alten Frau fand sie den festverschnürten Persilkarton ganz leicht. Sie schleppte ihn die Stufen hinunter und wollte ihn im Zimmer absetzen.

„Na, na“, rief da die Alte, „nit in meiner Stub. Den könnens gleich mitnehmen. Wenns was finden, rufens halt an. Ich weiß doch, dass Sies eilig han. Sie könnens mir ja wiederbringen, wenns ihn nimmer brauchen. Und besuchens mich halt wieder.“

Heide bedankte sich und verabschiedete sich von der alten Frau. „Ich geh noch schnell bei Ihrer Nichte vorbei und sag ihr, dass ich den Karton zurückbringe, sobald ich die Unterlagen gesichtet habe.“

„Is scho recht und kommens halt mal wieder!“

Zu Hause packte sie den Persilkarton aus, nachdem sie ihn vom Staub befreit hatte. Sie fand eine Menge Bücher, die sie für eine spätere Durchsicht zur Seite legte. Was sie aber ganz besonders interessierte, war ein Bündel Briefe. Schnell blätterte sie die Briefe durch, und tatsächlich: Auf einem der zuunterst Liegenden wurde sie fündig! Der Brief war unterschrieben mit „Ihr ergebener Leo“! Sie hatte recht gehabt. Der Brief war mit dem Datum 10th of July 1945 versehen und kam aus Bieldside, Schottland!

Das musste sie sofort Pohl mitteilen. Schnell wählte sie

seine Nummer. Um 19.30 Uhr war der doch bestimmt noch in seinem Büro. Nach dem zweiten Läuten nahm er auch tatsächlich den Hörer ab.

„Ich habe ihn, Herr Pohl. Ich habe ihn tatsächlich gefunden! Er ist in England oder vielmehr in Schottland. Ich habe die Adresse von Halbenstein bekommen. Und dann war ich heute Nachmittag bei der alten Frau Brandstätter und die hatte die Briefe. Oben auf dem Dachboden. Ich habe ihn tatsächlich gefunden!"

„Nun mal langsam, junge Frau", unterbrach sie hier der Kriminalrat. „Wen haben Sie gefunden? Um wen geht es?"

„Na, den Leo Mannheimer. Er ist in Bieldside. Das ist ein Städtchen in der Nähe von Aberdeen."

„Na, das ist ja großartig. Wie sind Sie denn darauf gekommen?"

Heide erzählte ihm die ganze Geschichte, von dem Telefonanruf des alten Domherrn Halbenstein und wie der vermutet hatte, bei dem mutigen Domkapitular müsse es sich um Herbert Brandstätter handeln, wie sie in Heidesheim angerufen und dann mit der alten Dame gesprochen hatte. „Ich muss jetzt schnell auflegen", endete sie. „Ich muss ganz schnell den Heinz anrufen. Der ist wahrscheinlich noch im Kultusministerium. Wenn ich das nicht gleich mache, ist er auf dem Heimweg und ich erreiche ihn nicht mehr!"

„Dann wissen Sie also noch gar nicht von seinem", hier stockte Pohl kurz und fuhr dann fort, „Unfall?"

„Unfall?", wiederholte Heide verständnislos.

„Ja, der arme Kerl ist überfallen worden!"

„Ja, um Gottes Willen, was ist denn los mit ihm? Wie geht es ihm? Wo ist er?", fragte Heide entsetzt.

„Beruhigen Sie sich, Frau Freber. Das will er Ihnen sicher selbst erzählen. Er ist oben im Vincenz-Krankenhaus. Zimmer 282. Sie können hinfahren. Anrufen geht nicht. Der arme Kerl hat den Arm in der Schiene und kann das Telefon nicht halten."

„Und Britta? Weiß seine Frau Bescheid?", fragte Heide erschüttert.

„Ja freilich", antwortete Pohl. „Fahren Sie nur hin. Er freut sich bestimmt. Er sagt, mit dem umständlichen Gestell kann er sowieso nicht schlafen, bevor die Nachtschwester ihm eine Schlaftablette bringt." Damit beendete Pohl das Gespräch.

Heide besann sich nicht lange. Vergessen war Leo Mannheimer, vergessen waren die ungelesenen Briefe. Schnell zog sie den Mantel an und sauste in die Garage.

Nachdem Heinz sich am Freitagabend von Heide an der Ecke Umbach/Große Bleiche verabschiedet hatte, schritt er munter aus, um zum Ministerium zu kommen. Er wollte die versäumte Arbeit des Nachmittags noch jetzt im Büro erledigen. Britta und die Kinder wussten, dass er später nach Hause kommen würde. Also musste er sich keine Sorgen machen, wenn er erst den Zug um kurz nach acht erreichte.

Er dachte schon nicht mehr an die Gespräche um St. Johannis, sondern legte sich im Kopf zurecht, was er an diesem Abend noch schaffen konnte, als ihn plötzlich jemand am Ärmel festhielt und unsanft herumriss. Heinz war im ersten Moment zu erschrocken, um sich zu wehren. Er war so mit seinen Gedanken beschäftigt gewesen, dass er die Schritte hinter sich nicht bewusst wahrgenommen hatte. Nun sah er sich einem Mann mit wirren, schwarzen Haaren und dunklen, bösen Augen gegenüber. Der umklammerte seinen Arm heftig und raunte ihm drohend zu: „Ich will meine Gelde, Mensch!"

„Was wollen Sie? Lassen Sie mich sofort los!“, schimpfte Heinz.

Aber der Mann ließ nicht von ihm ab und knurrte: „Meine Gelde, sofort! Vierzig Riesen! Jetzt!“

Als Heinz versuchte, sich von ihm loszureißen, stieß der Mann ihm mit der Faust heftig gegen die Brust und schüttelte ihn erneut. „Meine Gelde! Du bist doch der vom Amt. Gib's schon her!“

Jetzt umklammerte er ihn mit beiden Armen und versuchte, Heinz in die Tasche zu fassen. Heinz konnte sich nur mühsam aus dem Klammergriff befreien und schrie jetzt heftig: „Was wollen Sie denn von mir, Sie Idiot! Lassen Sie mich sofort los!“

Als er die Wut im Gesicht des Angreifers sah, besann er sich auf die Taktik, die man in solchen Fällen anwenden sollte: ruhig bleiben und den anderen am Reden halten. Deswegen sagte er so ruhig wie möglich: „Lassen Sie los, Mann. Ich bin der Falsche!“

Aber der Kerl ließ nicht von ihm ab und knurrte: „Der Bücherfritze hat aber gesagt, du hast Gelde.“

Allmählich wurde es Heinz mulmig. War er da in etwas hineingeraten? Bücherfritze hatte der Mann gesagt. Er versuchte erneut, sich loszureißen. Da riss der Angreifer plötzlich einen Schlagring aus der Tasche und bevor Heinz noch eine Bewegung machen konnte, schlug ihm der dunkelhaarige Lump mit voller Wucht das Eisending gegen das Schlüsselbein. Das Letzte, was Heinz wahrnahm, war ein deutliches Knacken, verbunden mit einem irrsinnigen Schmerz, der ihn wie ein Blitz durchzuckte. Dann wurde es schwarz vor seinen Augen. Dass er der Länge nach rücklings auf das Pflaster knallte, bekam er schon nicht mehr mit.

Als er wieder zu sich kam, lag er auf einer Pritsche in einem Krankenwagen und wurde mit Blaulicht und heulender Sirene ins Krankenhaus gefahren.

„Was ist denn los?“, fragte er benebelt den Sanitäter, der sich über ihn beugte. „Sie sind zusammengeschlagen worden. Bleiben Sie ganz ruhig liegen. Wir bringen Sie ins Vincenz.“

Heinz wollte sich aufrichten, ließ das aber schnell wieder bleiben, alles schmerzte. „Mein Kopf, mein armer Kopf“, stöhnte er.

„Ich fürchte, Sie haben eine gehörige Gehirnerschütterung und natürlich die Platzwunde. Das tut freilich weh!“

„Platzwunde? Ist das Sakko versaut? Britta bringt mich um!“

„Na, Ihr Sakko dürfte ihre geringste Sorge sein. Ich nehme an, Britta ist Ihre Frau? Ich habe Ihnen ein Schmerzmittel injiziert. Es geht Ihnen gleich besser.“

Im Krankenhaus stellte man fest, dass er ein gebrochenes Schlüsselbein hatte und eine ziemlich schwere Gehirnerschütterung. Auch die Platzwunde am Hinterkopf sah böse aus und musste, wie ihm der Arzt am späten Abend mitteilte, als Heinz wieder zu sich kam, mit sieben Stichen genäht werden. „Ihre Frau haben wir verständigt. Sie wird gleich da sein“, sagte der Arzt tröstend und entschwand durch die Tür.

Als Heinz erneut aufwachte, saß Britta neben ihm, in Tränen aufgelöst. Erst jetzt bemerkte er, dass er von einem unförmigen Gestell eingeklammert war, welches den Brustkasten umschloss und den rechten Arm unbrauchbar machte und weit vom Körper abstehen ließ. Nur allmählich konnte er sich an den Überfall des Kerls mitten auf der Großen Bleiche erinnern. Als er Britta von dem Angreifer erzählte, sagte die sofort: „Das musst du dem Pohl sagen. Das hat doch mit dem Mord in der Johanniskirche zu tun. Das kann gar nicht anders sein!"

Sie zückte gerade ihr Handy, als eine Schwester eintrat.

„Bitte, Frau Küster, nicht hier und nicht jetzt. Ihr Mann braucht Ruhe." Nachdem sie die Apparaturen, die um Heinz herum aufgebaut waren, geprüft hatte, sagte sie begütigend: „Schauen Sie, Ihr Mann schläft und Sie kommen mit mir. Ich habe frischen Kaffee drüben."

Tatsächlich, Heinz war eingeschlafen. Gut. Britta folgte der Schwester. Im Stationszimmer traf sie auch den Arzt noch an, mit dem sie bei ihrer Ankunft bereits gesprochen hatte. Von ihm hatte sie erfahren, dass ein Passant ihren Mann blutüberströmt auf dem Gehsteig mitten vor der Bäckerei Lüning gefunden und sofort Polizei und Krankenwagen verständigt hatte. Jetzt erzählte sie ihm, was sie von ihrem Mann über den Überfall erfahren hatte und dass sie dringend mit einem bestimmten Kripobeamten sprechen müsse. Ihr Mann sei nämlich in eine Mordaffäre verwickelt.

So kam es dann auch, dass Pohl und Schlenger am Samstagmorgen am Bett von Heinz auftauchten. Der Arzt hatte ihnen fünf Minuten gegeben, keine Minute länger! Stockend aber dennoch recht verständlich schilderte Heinz den Hergang des Überfalls. Besonders eindringlich ließen sich die Kripobeamten den Angreifer beschreiben, bis sie von der resoluten Schwester rauskomplimentiert wurden.

Das alles erfuhr Heide, als sie Heinz am Montagabend besuchte. Er lag noch immer in dem sperrigen Gestell gefangen mit dick verbundenem Kopf und nutzlosem rechtem Arm trübsinnig in seinem Krankenbett. Aber wenigstens ließ die Benommenheit inzwischen etwas nach und er hoffte, sich am nächsten Morgen zum ersten Mal wieder aufsetzen zu dürfen.

X.

Die letzte Frage: Wo sind die Bücher?

Die Ermittlungen der Polizei waren schon vor dem Überfall auf Heinz Küster ein gutes Stück vorangekommen. Zwei der Verdächtigen, von denen die Gemeindemitglieder und der Hausmeister von St. Johannis eine relativ genaue Beschreibung hatten abgeben können, waren der Polizei schon am vergangenen Montag ins Netz gegangen. Schlenger musste noch immer über den denkwürdigen Umstand schmunzeln, durch den die Kollegen vom Raubdezernat der beiden Verdächtigen hatten habhaft werden können.

Das kam so: Am Montagmorgen kurz nach Geschäftsbeginn war eine junge Frau in der Flachsmarktstraße, unmittelbar vor dem Kaufhof, von zwei Kerlen niedergeschlagen und beraubt worden. Die Geschädigte konnte sich schnell wieder aufrappeln und schrie hinter den die Flachsmarktstraße in Richtung Große Bleiche davonstürzenden Räubern her: „Diebe! Diebe! Haltet sie auf! Diebe!"

Eine beherzte alte Dame, die gerade aus der Ladentür des Lichthauses Lerch trat und die Situation blitzschnell erfasste, riss ihre wohlgefüllte Handtasche hoch und donnerte sie dem zuerst laufenden Flüchtigen an den Kopf. Der stürzte, der nachfolgende Bösewicht stolperte über ihn und stürzte ebenfalls. Bevor die beiden Männer sich aus dem Gewirr der eigenen Beine und Arme befreien und ihre Flucht fortsetzen konnten, hatten andere Passanten sich auf sie gesetzt und hielten beide in Schach, bis die Polizei eintraf. Die nahm sie mit auf die Wache, wo Schlengers und Pohls Kollegen nicht wenig erstaunt waren, bei den beiden Übeltätern nicht nur die gestohlene Handtasche der jungen Frau, sondern auch 4000 Euro in 500er-Scheinen und, was sie besonders erstaunte, eine Pistole aus Bundeswehrbeständen sicherstellen zu können.

Das Verhör der beiden gestaltete sich anfänglich ziemlich schwierig, weil sie vorgaben, kein Deutsch zu verstehen, weil sie keine Ausweispapiere bei sich hatten und weil sie ihre Nationalität verschleierten. Erst nach ziemlicher Verzögerung, als die vernehmenden Beamten endlich herausgefunden hatten, dass die beiden Rumänen waren, konnte ein Dolmetscher hinzugezogen werden. Während das Verhör sich über den gesamten Montag hinzog und man kaum einen Schritt weitergekommen war, hatte die Untersuchung der Waffe schnell zu einem überraschenden Ergebnis geführt. Die Pistole, ein Modell, das die Bundeswehr in den Achtzigerjahren verwendet hatte, stellte sich nämlich als diejenige Waffe heraus, mit der Jutta Berger am Donnerstag der vorangegangenen Woche in der St. Johanniskirche ermordet worden war.

Am nächsten Tag war die Waffe mit entsprechendem Bericht an Kriminalrat Pohl überstellt worden, der mit diesem Beweisstück Heide Freber nach dem Verhör durch die Kripobeamtin Bremer entlasten konnte.

Nach der Festnahme der beiden Verdächtigen hatte Pohl beim zuständigen Ermittlungsrichter wegen der zahlreichen Verdachtsmomente und der fehlenden Ausweispapiere Untersuchungshaft erwirkt. Allerdings waren die Kriminalbeamten Pohl und Schlenger nach langwierigen Verhören ziemlich sicher, dass die beiden Männer zwar mit dem Mord zu tun hatten, ihn aber wohl nicht selbst begangen hatten. Sie erfuhren nämlich durch einen Versprecher von einem Kumpel aus dem heimatlichen Rumänien, der irgendwie beteiligt war. Und sie erfuhren von einem weiteren

Mann, einem Deutschen, der sie beauftragt hatte, die Waffe verschwinden zu lassen. Dazu seien sie jedoch noch nicht gekommen. Ansonsten stellten sie sich als unbescholtene Unschuldslämmer dar, die ganz zufällig diesen mysteriösen Deutschen getroffen hatten.

Dann bekam die sehr sorgfältig, ja pingelig arbeitende Kriminalkommissarin Bremer über die Fotos der beiden vermeintlichen Unschuldslämmer heraus, dass die beiden Kerle mit an Sicherheit grenzender Wahrscheinlichkeit zu einer Bande aus Darmstadt gehörten, die dort schon eine ganze Weile ihr Unwesen trieb und der dortigen Polizei bekannt war.

Als Pohl von diesem Umstand in Kenntnis gesetzt worden war, kombinierte er klug und handelte blitzschnell. Der einzige Darmstädter, der im Fall Johanniskirche eine Rolle spielte, war der Archivar Röder. Aus den Informationen über den Archivar, die Pohl sich über eine gute Verbindung zum hessischen Polizeipräsidium vom hessischen Staatsarchiv beschaffen konnte, ging hervor, dass Dr. Röder Major der Reserve in der Bundeswehr war und regelmäßig an Reserveübungen teilnahm. Er war also durchaus berechtigt, eine Pistole zu besitzen. Leider waren aus der in Frage stehenden Waffe alle Registrierungsnummern herausgefeilt worden. So kamen sie also nicht weiter. Da Herr Dr. Röder ein unbescholtener und völlig unauffälliger Staatsdiener war, der noch nie mit der Polizei zu tun gehabt hatte, gab es keinen rechten Grund, ihn zum Verhör zu laden. Auch eine Zeugenaussage einzuholen, verbot sich, weil Fakten, zu denen man einen Zeugen hätte anhören können, nicht zur Verfügung standen.

Eine als zufällig getarnte Unterhaltung mit einem seiner Beamten oder ihm selbst schloss Pohl aus, aus Sorge, der

Archivar könne Verdacht schöpfen, ins Visier der Untersuchungen gerutscht zu sein. Wenn er schuldig war, so argumentierte Pohl, würde er verschwinden und dann hätten sie das Nachsehen. Also beauftragte er den dicken Baus mit der Aufgabe, Dr. Röder zu beschatten. Durch freundschaftliche Verbindungen zu den Kollegen in Darmstadt, genannt Amtshilfe, erhielt er von dort Unterstützung bei dieser recht nervtötenden Überwachung. Der junge Baus, dem Pohl nach einer Tageswache im Auto vor dem Archiv nicht noch die Beschattung des Archivars über Nacht zutraute, war sehr froh, erst am nächsten Tag wieder für den Verdächtigen zuständig zu sein. Und an diesem zweiten Tag übertraf Baus sich selbst. Er folgte Dr. Röder nämlich während der Mittagspause in ein nahegelegenes Antiquariat, in dem Röder mehr als zwei Stunden verblieben war. Das teilte er unmittelbar, nachdem der Archivar wieder in seiner Dienststelle verschwunden war, seinem Chef, Herrn Pohl, mit.

„Hat er was gekauft?", fragte dieser.

„Das weiß ich nicht. Ich konnte den Laden nicht einsehen. Und hineinzugehen, wagte ich auch nicht. Sie haben doch gesagt, er darf mich auf keinen Fall sehen!"

„Das hast du ganz richtig gemacht, mein Junge. Aber hat er denn nichts bei sich getragen, als er das Antiquariat verließ?"

„Nein, nichts."

„Gut gemacht, Baus", lobte der Chef. „Sie können dann für heute die Überwachung abbrechen. Aber kommen Sie noch bei uns vorbei."

Mit Hilfe der Kollegen aus Darmstadt hatte Pohl schnell herausgefunden, dass der Antiquar ein bekannter Hehler war, der schon häufiger in schmutzige Transaktionen auf dem illegalen Buchmarkt verwickelt war, dem man aber bislang keine Schuld habe nachweisen können, sodass er seine unsauberen Geschäfte nach wie vor betrieb.

Noch etwas Interessantes hatte sich in der Woche zwischen Frau Frebers Entlastung und dem ‚Kaffee der Betroffenen' am Freitag im Georgsaal der Johanniskirche ergeben. Das kam so: Am Mittwochvormittag 11.30 Uhr klingelte Pohls Telefon und Dr. Nikolaus war am Apparat. „Herr Pohl", sagte der, „ich glaube, dass Sie das, was wir eben gefunden haben, interessieren dürfte."

„Was ist das denn?", fragte Pohl.

„Kommen Sie her und schauen Sie selbst", antwortete Nikolaus geheimnisvoll.

„Na, nun sagen Sie schon", drängte Pohl gespannt. „Wo sind Sie denn überhaupt?"

„Wir sind hier im unterirdischen Gang zwischen St. Johannis und dem Dom. Sie wissen schon, unter dem ehemaligen Paradies. Wir haben den Gang inzwischen völlig freigelegt und zwei Dinge gefunden, die Sie interessieren könnten. Kommen Sie her und sehen Sie selbst."

Das ließ sich Pohl nicht zweimal sagen. Er schnappte sich seinen Mantel, schaute noch schnell bei Schlenger vorbei, dem er zurief: „Nehmen Sie Ihren Autoschlüssel und kommen Sie mit, der Nikolaus hat was gefunden!" Und schon waren sie auf dem Weg. Der neugierige Schlenger bestürmte seinen Chef mit Fragen, um was es sich denn handele. Aber Pohl wehrte ab. „Ich weiß doch selber nichts. Sie kennen doch den Nikolaus, der macht doch aus allem ein Geheimnis!"

„Aber was können die denn gefunden haben? Meinen Sie, dass wir doch noch auf die Spur eines Kirchenschatzes gestoßen sind? Oder vielleicht die Bücher, von denen die Freber gesprochen hat?"

„Herr Schlenger, konzentrieren Sie sich auf den Verkehr. Ich weiß doch selber nicht, um was es sich handelt. Wir sind sowieso gleich da, dann wissen wir mehr."

Sie stellten das Auto auf dem Dienstparkplatz der Polizeiinspektion 1 ab und sagten den Kollegen Bescheid, dass sie in der Nähe zu tun hatten. Dann eilten sie über den Bischofsplatz zum Kircheneingang an der Johannisstraße. Dort begrüßte sie Dr. Nikolaus mit breitem Grinsen im Gesicht.

„Also, raus damit, Dr. Nikolaus, was haben Sie gefunden?", sagte Pohl statt einer Begrüßung.

„Kommen Sie mit, ich zeige es Ihnen." Nikki nahm die beiden Kriminaler am Arm, durchquerte mit ihnen die Kirche und leitete sie durch das Loch im Boden der Nordnische, durch den inzwischen leergeräumten und sauberen Gewölbekeller, durch das gut beleuchtete Versteck des Heinrich Cohn in den Gang zum Dom.

Den beiden Grabungsarbeitern, die noch immer mit Pinsel und Fundsäckchen hantierend an dem Durchlass vom Versteck des Juden Cohn zum Laufgang arbeiteten, schenkten sie kaum einen Blick, sondern eilten hinter Dr. Nikolaus her, der ihnen voller Stolz die sauber gekehrten Fliesen präsentierte, die den Fußboden des Laufganges bedeckten. „Und schauen Sie nur, wie sorgfältig die Hausteine auf der linken Seite gesetzt sind. So hat man im Mittelalter gebaut. Kaum eine Fuge zwischen den Steinen zu sehen. Wie schlampig ist dagegen die rechte Seite! Wir gehen davon aus, dass die Erbauer des Wasserreservoirs unter dem Leichhof gar nichts von dem Gang, in dem wir uns befinden, wussten. Aber sehen Sie sich hier das Ende des Ganges an. Wir sind direkt an der Westfassade des Doms. Und was sehen Sie?", fragte Nikolaus mit Besitzerstolz in der Stimme.

Pohl und Schlenger schauten auf eine Ziegelmauer aus

rotem Backstein, die so aussah, als sei sie aus alten, wiederverwendeten Steinen zusammengefügt. „Ja“, sagte Nikki und wies auf die roh und wulstig herausquellenden Mörtelschichten zwischen den Steinen, „das ist eine moderne Mauer. Direkt nach dem Krieg entstanden. Der Architekt Biermüller fand heraus, dass unter Bischof Albert Stohr bereits im Mai 1945, unmittelbar nach Kriegsende, die Aufräum- und Reparaturmaßnahmen am Dom vorgenommen wurden. Im Zuge dieser Arbeiten ist der Zugang zum Laufgang geschlossen worden.“

„Ja, haben die denn den Laufgang nicht gefunden?“, fragte Schlenger verwundert.

„Nein, wohl kaum“, antwortete Nikolaus. „Sehen Sie, der Gang war ja vollkommen verschüttet. Wahrscheinlich durch die verheerenden Angriffe auf Mainz am 27. Februar 1945. Daher hatte man wohl drei Monate später angenommen, bei der Öffnung handele es sich nur um den Teil eines Bombentrichters und hat die Mauer kurzerhand ersetzt.“

„Ja, so muss es gewesen sein“, meinte Pohl sinnend. „Der Leo Mannheimer hat wohl auch diesen Angriff unbeschadet überstanden. Oder habt Ihr seine Leiche gefunden? Sie sprachen doch von zwei Dingen, die Sie mir zeigen wollten?“

„Nein, eine zweite Leiche haben wir nicht gefunden, der junge Mann muss Hunderte von Schutzengeln gehabt haben“, antwortete Nikki eifrig. „Aber wir haben noch etwas ausfindig gemacht. Kommen Sie und staunen Sie.“

Er geleitete die beiden Beamten wieder zurück in den Gang. In etwa der Mitte zwischen St. Johannis und dem Dom hielt er inne und wies auf eine Stelle in dem grob gemauerten Teil aus grauen Bruchsteinen, der das Wasserreservoir unter dem Leichhof hielt.

„Hier habe ich es entdeckt. Es war reiner Zufall“, berichtete er zufrieden. „Sehen Sie, hier und hier, in dieser Teernase."

Er zeichnete mit dem Finger die feine Ritzzeichnung eines Davidsterns mit einem christlichen Kreuz auf der oberen Spitze nach. Jetzt sahen auch die beiden Kriminalbeamten, was Dr. Nikolaus durch seine akribische Arbeitsweise ausfindig gemacht hatte. Tatsächlich, der Stein unter der Ritzzeichnung war lose. Nikolaus hob ihn heraus. Auch zwei weitere Steine ließen sich mühelos entfernen. Die so geschaffene Öffnung zeigte einen trockenen, sauberen und glatten Hohlraum, künstlich geschaffen, 48 cm tief, 46 cm breit und 22 cm hoch, wie Nikolaus mit einem Zollstock bewies, den er schnell aus der Tasche gezogen hatte.

„Und was ist drinnen?", fragte Schlenger atemlos. „Leider, leider", antwortete Nikolaus. „Der Tresor ist leer. Aber Sie müssen zugeben, dass es das ideale Versteck des Heinrich Cohn für seinen Bücherschatz gewesen sein muss."

„Zugegeben", brummte Pohl, „aber wo sind die verdammten Dinger?"

„Da fragen Sie mich zu viel. Aber ich fürchte, die Bösewichter waren schneller als wir. Schauen Sie, hier und hier, das sind deutliche Spuren einer Messerklinge. Und wenn mich meine Erfahrung nicht täuscht, sind sie taufrisch!"

„Verdammte Sch … Schweinerei", fluchte Schlenger enttäuscht.

„Na, na, junger Mann. Das war zu erwarten. Die Jungs, die wir in Gewahrsam haben, sind nicht von gestern. Die erkennen ein Versteck, mag es auch noch so gut getarnt sein. Dazu braucht man die Augen eines Berufseinbrechers oder, nichts für ungut, die eines Archäologen!", bemerkte Pohl, nicht ganz unzufrieden.

So weit war der Stand der Ermittlungen, als die Pfarrerin alle Beteiligten zum Kaffee am Freitagnachmittag geladen hatte. An diesem Nachmittag erfuhren die Polizisten drei neue Fakten, die sie in ihren Annahmen zum Tathergang und der Vorgeschichte der Tat bestärkten.

Sie erfuhren, dass es tatsächlich einen dritten Mann geben musste, der in die Geschichte der beiden festgenommenen Rumänen passte. Sie erfuhren, dass ein Mann, der der Beschreibung nach durchaus Dr. Röder sein konnte, sowohl am Tatmorgen als auch ein paar Tage später in der Nähe der St. Johanniskirche gesehen worden war. Dank der Aussage des Bestattungsunternehmers konnten sie auch davon ausgehen, dass er sich mehr für Bücherfunde in St. Johannis als für Leichen interessierte. Und zum Dritten durften sie ihrer Sache sicher sein, dass es sich, falls es um Schätze ging, nicht um Gold- und Silberreliquien oder einen Kirchenschatz im ursprünglichen Sinn des Wortes handelte, sondern dass die Täter hinter den Büchern her waren. Ein Kirchenschatz anderer Art schien nach den Ausführungen der Freber über die Geschichte der Kirche ausgeschlossen.

Pohl hätte zu gern gewusst, ob Leo Mannheimer den Ort mit dem Davidstern und dem Kreuz gekannt hatte, um sagen zu können, um welche Bücher es sich gehandelt hatte. Denn dass die Bücher noch in Deutschland waren, das hielt er inzwischen für äußerst unwahrscheinlich.

Dann war am Freitagabend Heinz Küster überfallen worden. Der Passant, der ihn gefunden und die Polizei benachrichtigt hatte, berichtete von einem blauen Ford älterer Bauart mit rumänischem Kennzeichen. Noch in derselben Nacht und nach hektischen Telefongesprächen mit den hessischen Kollegen wurde der Übeltäter in Darmstadt festgenommen. Pohl und Schlenger rasten mit Blaulicht über die Autobahn nach Darmstadt, um bei den Verhören, die morgens um 2.30 Uhr stattfanden, direkt nach der Festnahme, dabei zu sein. Die Kollegen hatten extra auf die Mainzer gewartet, in der Hoffnung, mit deren Hilfe schneller zum Ziel zu kommen. Sie kannten nämlich von zahllosen vorangegangenen Vernehmungen einzelner Mitglieder der berüchtigten Rumänenbande den zähen Verlauf solcher Untersuchungen.

Sie hatten sich auch dieses Mal nicht getäuscht. Der Beschuldigte bestritt hartnäckig, irgendetwas mit dem Fall zu tun zu haben. Selbst den Überfall auf Küster in der vorangegangenen Nacht stritt er anfänglich ab. Da man ihm jedoch beweisen konnte, dass es genügend Zeugen gab, unter anderem auch den Geschädigten, die ihn ohne Weiteres identifizieren konnten, lenkte er schließlich ein. Nachdem er widerwillig die Prügelei mit schwerer Körperverletzung zugegeben hatte, schwieg er hartnäckig. Pohl und Schlenger hatten die Beamten am frühen Samstagmorgen noch über alle Einzelheiten des Falls Johanniskirche aufgeklärt und ihrer Vermutung über die Täterschaft des jetzigen Gefangenen Ausdruck verliehen. Dann waren sie müde, aber befriedigt zurück nach Mainz gefahren, in der Hoffnung, die Darmstädter würden schon ein Geständnis aus dem Beschuldigten herausbringen.

Erst am Montag gelang den Darmstädter Kollegen der Durchbruch. Der gewalttätige Rumäne räumte nach langen Ausflüchten ein, dass er den Antiquar, der der dortigen Polizei ja durchaus bekannt war, kenne. Der habe ihn mit seinem Auftraggeber bekanntgemacht. Der Auftraggeber, den er zuvor noch nie gesehen hätte, habe ihm erklärt, dass er in einem bestimmten Keller in Mainz nach einem wertlosen Bücherpaket suchen solle. Würde er es finden, bekäme er zwanzig Riesen von ihm, zehn jetzt gleich und die restlichen zehn, wenn er, der Auftraggeber, der sich Max nannte, das Paket in Händen hielte. Er und zwei Kumpel hatten sich auf die Suche gemacht, aber es war viel schwerer gewesen, als sein Auftraggeber angegeben hatte. Dauernd waren Arbeiter in dem Keller gewesen, sodass sie nur des Nachts suchen konnten. Max wäre ziemlich ungeduldig geworden und hätte sie immer wieder zur Eile angetrieben.

Dann hatten sie das Paket, nämlich zwei alte Bücher, tatsächlich in einem Versteck hinter losen Steinen gefunden. Als sie mit der Last verschwinden wollten, hatten sie in der Kirche ihren Auftraggeber vorgefunden, der sich über die Leiche einer Frau gebeugt hatte. Er hatte ziemlich verstört gewirkt und ihnen aufgetragen, das Paket mit den beiden Büchern wieder sorgfältig zu verstecken, wo sie es gefunden hatten. Dann sollten sie die Leiche nebst Pistole verschwinden lassen, möglichst so, dass sie lange nicht gefunden werden konnte. Erst hatten sie sich geweigert. Dann hatte Max ihnen noch einmal zwanzig Riesen versprochen, wenn sie ihm zu Willen waren. Da hatten sie nicht mehr anders gekonnt und die Bücher zurückgetragen. Wie sie dann aus dem Loch im Kirchenboden herausgekrochen waren, war ihr Auftraggeber weg gewesen und sie hatten das Gekläff eines Hundes vor der Kirchentür gehört. Da sie wussten, dass der Hausmeister, der einen Hund besaß, zu dieser Stunde oft schon kam, hatten sie sich so schnell wie möglich verdrückt. Auf Nachfrage, welchen Weg sie denn genommen hatten, gab er zu, immer das Fenster in der Teeküche benutzt zu haben und dann über den Zaun des kleinen Innenhofes auf der Rückseite des Bischofsplatzes verduftet zu sein.

Das alles hatten die Kollegen aus Darmstadt den Mainzern mitgeteilt. Über die Identität des Auftraggebers hatten alle drei Rumänen geschwiegen. Deswegen war der Antiquar noch am Montag von den Beamten einbestellt und vernommen worden. Eine Untersuchung seiner Bücher hatte eine mögliche Verstrickung in den Fall nahegelegt. Es tauchten nämlich diverse Käufe und Verkäufe eines Archivars des hessischen Staatsarchivs auf. Am gleichen Tag hatte der Antiquar seine Bekanntschaft mit Dr. Röder zugegeben, die aber so lose wäre, dass er nichts weiter über ihn wusste, als dass er im Staatsarchiv arbeitete und ein fanatischer Bücherfreund sei. Als Pohl am Montagabend mit Heide telefoniert hatte, wurde Dr. Röder gerade von den Darmstädter Beamten festgenommen.

Nach ihrem Besuch bei dem armen und unter seinen Mullbinden kaum zu erkennenden Heinz war Heide einigermaßen beruhigt, dass der Überfall auf ihn noch einmal glimpflich ausgegangen war. Sie wusste Heinz in guten Händen im St. Vincenzstift, konnte sich aber keinen Reim darauf machen, was der Schläger gemeint haben könnte, als er behauptet hatte, Heinz sei derjenige, der ihm das Geld übergeben sollte. Und dann noch vierzig Riesen! Wie viel war das denn? 400 oder 4000 oder vielleicht sogar 40 000? Sie wollte Pohl unbedingt danach fragen.

Aber zuerst einmal würde sie sich über ihren eigenen Fund der Bücher und vor allem der Briefe aus dem Nachlass des Domkapitulars hermachen. Gleich morgen früh wollte sie damit beginnen.

Am nächsten Morgen breitete sie die Briefe auf ihrem Esstisch aus, ordnete sie nach Datum, stellte fest, dass sie alle, bis auf den letzten vom 8. Mai 1972, von Leo unterschrieben waren und begann zu lesen.

Folgende Fakten ergaben sich aus der Lektüre: Leo Mannheimer hatte tatsächlich den Bombenangriff, der in der

Nacht auf den 13. August 1942 die gesamte Innenstadt und mit ihr die St. Johanniskirche in Schutt und Asche gelegt hatte, außerhalb der Kirche überlebt. Wo er während der Angriffe gewesen war, ging aus seinen Briefen nicht hervor. Wahrscheinlich hatte er dies Brandstätter mündlich mitgeteilt, da er die nächsten Jahre unerkannt im unterirdischen Mainz lebte, meist in den verbliebenen Gewölben zwischen St. Johannis und dem Dom, versorgt von Brandstätter. Dort fand er auch den von seinem Onkel so gehüteten Schatz. Da er kein Hebräisch lesen konnte, schenkte er den Büchern wenig Aufmerksamkeit. Er teilte jedoch seinem Retter, dem Domherrn Brandstätter, nach dem Krieg den genauen Fundort mit Ritzzeichnung von Davidstern und Kreuz mit. Letztere hatte er selbst angebracht.

Als Heide das las, wollte sie sich gleich wieder ans Telefon hängen, um es Pohl zu sagen. Aber dann siegte doch ihre Neugierde und sie las weiter in den alten, vergilbten Briefen.

Im nächsten Schreiben, inzwischen musste eine Antwort von Brandstätter eingetroffen sein, drückte Leo sein Bedauern aus, dass sein ehemaliges Schlupfloch vermauert sei. Die Bücher seien dem Onkel sicher sehr teuer gewesen. Er, Leo, hätte es gerne gesehen, wenn sie der jüdischen Gemeinde, so diese denn noch existierte, zurückgegeben würden. Aber, meinte er anschließend, so wichtig sei das sicher auch nicht. Das war der einzige Hinweis, den Heide über diesen in der Gegenwart so brisanten Schatz in Leos Briefen fand.

Den letzten apokalyptischen Bombenangriff auf Mainz am Nachmittag des 27. Februar 1945 erlebte Leo zitternd, betend und zusammengekauert an die Substruktionsmauer des Domes gepresst. Wie er die drei Wochen überlebte, bis die amerikanischen Truppen am 21. März 45 die Stadt besetzten und für Mainz der Krieg zu Ende war, ging aus den Briefen nicht hervor. In jedem Fall hatte er die französische Besatzung, die Ende Juli 45 in Mainz einzog, nicht mehr miterlebt. Denn er landete wohlbehalten, wenn auch unterernährt, am 18. Mai 1945 in Aberdeen.

Mit welchen Mitteln und Verbindungen es Leo oder Brandstätter gelungen war, Leo aus Mainz fortzuschaffen, konnte Heide nicht aus den Briefen herauslesen. Fest stand nur, dass er in einem der RAF-Bomber, einer Lancaster-Maschine, untergekommen war. Bereits vor Inkrafttreten der Kapitulation hatte die Royal Air Force unter der „Operation Exodus“ die Aufgabe, befreite Kriegsgefangene aus Deutschland nach Großbritannien auszufliegen.

Weiterhin schrieb Leo, wie er zuerst in einem Kriegsgefangenenlager als Dolmetscher gearbeitet, wie er sich Jahre später als Dolmetscher selbstständig gemacht und niedergelassen und wie er geheiratet und zwei Kinder bekommen und erzogen habe.

Am 8. Mai 1972 war er plötzlich und unerwartet an Herzversagen gestorben. Sein inzwischen 23-jähriger Sohn schickte die Todesanzeige und berichtete, er selbst wäre dabei, nach Israel überzusiedeln. Das war das letzte Schreiben aus dem Bündel. Leo musste wohl in dem Glauben gestorben sein, seine gesamte Familie sei während des Krieges ausgelöscht worden. Jedenfalls gab es keinen Hinweis darauf, dass er wusste, dass seine Schwester Bertha noch lebte und eine Familie in Amerika hatte.

Die Durchsicht der Bücher, die sie mit den Briefen aus Heidesheim mitgebracht hatte, ergab keine weiteren Aufschlüsse. Es handelte sich ausnahmslos um theologische Werke zu verschiedenen Themen, die der alte Brandstätter wahrscheinlich zu einem späteren Zeitpunkt, vielleicht im

Ruhestand, in seinem Elternhaus lesen wollte. Darüber war er dann gestorben.

Heide brachte die Angaben über den Verbleib und das Ende von Leo Mannheimer sauber zu Papier, um sie Heinz zur Feier seiner Genesung überreichen zu können. Dann rief Herr Pohl sie an.

„Frau Freber“, sagte er, „dieses Mal lade ich Sie zum Kaffeekränzchen für den kommenden Freitag in St. Johannis ein. Frau Zelinski sorgt dafür, dass alle anderen Teilnehmer unserer Runde von letzter Woche ebenfalls da sein werden.“

„Oh, toll! Gibt es was Neues?“ Heide war sehr gespannt. Aber der Kriminalrat meinte nur: „Lassen Sie sich überra schen!“

Groß war die Freude, als sie im Georgsaal ankam und Heinz sah, der mit seinem beeindruckenden Apparatismus um Brust und Rücken in einem Rollstuhl am Tisch saß und schon wieder recht keck aussah. Alle Anwesenden kümmerten sich um ihn, zupften sein Kissen zurecht, nötigten ihm Kuchen auf, füllten seine Kaffeetasse und schnatterten auf ihn ein. Er war der wahre Held des Tages. Selbst die Pfarrerin bemühte sich um ihn.

Punkt drei, alle Anwesenden hatten sich am Tisch eingefunden, begrüßte Frau Zelinski offiziell die Runde mit einer kleinen Ansprache. „Der Spuk ist vorbei“, schloss sie. „Wie es dazu gekommen ist, will uns Herr Pohl heute erzählen.“ Sofort erhoben sich erstaunte Ausrufe um den Tisch und eine lebhafte Fragerei setzte ein:

„Haben Sie den Mörder?“

„Sind die Bücher wieder aufgetaucht?“

„Wer hat den Heinz niedergeschlagen?“

„Um was für ‚Gelde‘ ging es denn?“

Und so weiter und so weiter. Pohl erhob die Hände und rief: „Langsam, werte Damen und Herren, langsam. Ich will es Ihnen ja gerade erzählen.“

Nur allmählich beruhigten sich die erhitzten Gemüter, und als es endlich still um den Tisch geworden war, begann Pohl den Fall aufzurollen.

„Der Archivar Röder hatte, als Frau Freber ihn im November vorigen Jahres im Darmstädter Staatsarchiv aufsuchte, sie geschickt ausgehorcht und schnell begriffen, dass es bei ihrer Recherche um viel mehr ging als nur um eine, wenn auch traurige, aber im Ganzen gesehen, alltägliche Familiengeschichte deutscher Juden während des „Dritten Reiches“. So war er nicht verwundert, als er im Februar diesen Jahres aus der Mainzer Allgemeinen Zeitung erfuhr, dass man möglicherweise auf ein lang verschollenes und ausgesprochen wertvolles Buch des Gerschom ben Jehuda gestoßen war. Es gehörte nämlich zu den Aufgaben des Archivars, täglich die Ausschnitte aus deutschen Tageszeitungen durchzusehen, die sich mit wertvollen Büchern befassten.“

Heide und Heinz warfen sich einen Blick zu. Ja, das kannten sie aus ihren eigenen Betätigungsfeldern.

„Dr. Röder“, so fuhr Pohl fort, „ging daraufhin zu einem ihm bekannten Antiquar, von dem er wusste, dass er sich mit Hehlereien auskannte. Er bat ihn, ihm einen findigen Menschen zu vermitteln, den er mit der Suche nach dem Buch oder den Büchern beauftragen konnte. Als Gegenleistung sollte der Antiquar das Buch auf dem ihm zugänglichen Kunstmarkt – Röder vermied das Wort ‚Schwarzmarkt‘ – anbieten. Den Gewinn würden sie teilen. Der Antiquar, der inzwischen auf seinen Prozess wartet, hatte sich am Anfang etwas geziert, weil die Bezahlung von ‚Fachleuten‘ zur

Beschaffung von Kunstgegenständen ziemlich hoch ist. Als Röder jedoch versprach, dies aus eigener Tasche vorzulegen, willigte er ein und vermittelte ihm einen Rumänen. Das war übrigens der, der Sie, Herr Küster, niedergeschlagen hat. Auch der wartet auf seinen Prozess."

„Gehört der auch zu den lumpigen Kerlen, die hier vor der Kirche ständig herumgelungert haben?", fragte Frau Ritter dazwischen.

„Genau", antwortete Pohl. „Die drei Gauner sitzen hinter Schloss und Riegel. Der, der Herrn Küster das Schlüsselbein brach, seit Montag und die anderen beiden schon eine knappe Woche länger."

„Hey, Herr Pohl, da haben Sie uns ja schön hinters Licht geführt", unterbrach ihn Heide.

Pohl grinste verschmitzt. „Auf diese Weise habe ich eben viel mehr erfahren, als das der Fall gewesen wäre, wenn ich Sie in alle unsere Erkenntnisse eingeweiht hätte. Aber wollen Sie jetzt den Rest hören oder wollen Sie sich beklagen?"

„Hören, hören", riefen die Zuhörer und Pohl setzte seine Geschichte fort: „Und dann kam der für Frau Berger und wohl auch für Dr. Röder so verhängnisvolle Moment. Röder war in den Tagen des erfolglosen Suchens zunehmend nervöser geworden. Als ihn dann auch noch eine junge Kollegin aus dem Stadtarchiv von Mainz in dieser Sache anrief, eine junge Frau, die er kaum kannte und die er ein- oder zweimal auf Tagungen getroffen hatte, um sich mit ihm zu treffen, verlor er vollends die Nerven. Er hatte doch schon so viel Geld investiert, und wenn ihm nun jemand anderer den Rang ablief, wären all seine Träume von einem sorgenfreien Lebensabend unter Palmen dahin. So begab er sich, seine ganze Vorsicht außer Acht lassend, an jenem frühen Februarmorgen selbst in die Johanniskirche. Kaum war er durch das dunkle Foyer gestolpert, sah er das Licht einer Taschenlampe. Und wie die Berger da plötzlich vor ihm steht, leibhaftig und völlig unerwartet, hatte er keinen klaren Gedanken mehr fassen können. Er dachte nur noch: Wenn ich sie jetzt nicht beseitige, ist alles aus! Dass er geschossen hat, hat er gar nicht bewusst wahrgenommen. Sein Gehirn weigerte sich, den Mord anzuerkennen. Und als dann, wie aus dem Nichts, sein ‚Spürhund' mit noch zwei weiteren Männern auftauchte, ist er völlig durchgedreht und hat gehandelt. Das verstaubte Paket, das die Männer in der Hand hatten, hat er gar nicht bewusst wahrgenommen. Er befahl ihnen nur, alles wieder zurückzulegen und die Leiche zu beseitigen. Dann hat er in seiner Verzweiflung die Pistole fallenlassen und ist aus der Kirche gestürzt."

„Das hat der ohne Weiteres zugegeben?", fragte Frau Ritter in die Pause hinein, die nach Pohls Bericht entstanden war.

„Fast könnte er einem leidtun", fügte Frau Kiefer hinzu. „Erst begeht er einen Mord und weiß nicht wie. Dann ist alles weg. Geld weg, Ehre weg, Bücher weg."

„Oh", setzte da Pohl wieder ein, „es kommt noch schlimmer! Die drei Rumänen erzählen zwar etwas anderes, aber wir sind sicher, dass es sich wie folgt zutrug: Dr. Röder verschwindet aus der Kirche. Die Männer stehen da mit den gefundenen Büchern, einer Leiche, für die sie nichts können, und der Mordwaffe. Während sie noch beraten, was sie tun sollen, hören sie den Hund, ja mein Lieber", sagte Pohl und tätschelte Branko, der vernehmlich mit dem Schweif auf den Boden klopfte.

Die Tafelrunde hing atemlos an Pohls Lippen. Der schien die Situation zu genießen und ließ sich Zeit. Dann fuhr er fort: „Sie packen also das schwere Bündel, stopfen es unter einen Haufen herumliegender Noten, die achtlos unter der Folie liegen und machen sich durch das Fenster der Teeküche und über den Zaun des Innenhofes davon."

„Was, die Bücher haben hier gelegen und keiner hat es gemerkt?", fragte Frau Zelinski in höchstem Erstaunen.

„Ja, so war es wohl. Sie müssen mehrere Tage hier gelegen haben, ohne dass einer von Ihnen das gemerkt hat!", setzte Pohl seine Geschichte fort.

„Verflixte Schlamperei, verflixte! Jetzt siehst du mal, wohin das führt!", rief Frau Ritter empört.

„Ja, schade, das ist wohl wahr", gab Pohl ihr recht. „Jedenfalls", fuhr er dann fort, „die drei kamen dann immer wieder, bis sich ihnen eine Gelegenheit bot, nachdem wir von der Polizei die Baustelle geräumt hatten, und holten sich die Bücher einfach und ganz simpel ab. Sie haben sie dann zu dem Antiquar nach Darmstadt gebracht. Den Röder kannten sie ja nicht mit Namen. Der Antiquar hat die beiden Bücher mit Freude entgegengenommen. Von Bezahlung konnte freilich keine Rede sein. Der verwies sie einfach an Röder. Sie sollten ihn nur an der Kirche abpassen. Der würde schon wieder auftauchen. Das tat er dann auch, wie wir dank der Aufmerksamkeit von Frau Bauer wissen. Als Röder von den Gaunern hörte, dass die Bücher beim Antiquar in Darmstadt gelandet waren, wollte er natürlich sofort dort hin. Die drei bedrohen ihn: Ohne ihnen das Geld zu geben, würde er nirgendwo hingehen. Außerdem sei die Sache jetzt teurer oder wolle er eine anonyme Anzeige bei der Polizei riskieren? Röder erhöht die Summe, die er den Männern schuldet, in seiner Not ganz erheblich. Die Schläger lassen ihn trotzdem nicht ziehen. In dieser ausweglosen Situation, sagt er, er habe Ihnen, Herr Küster, das Geld gegeben, weil Sie ja mit den Angehörigen des Eigentümers der Bücher in

Kontakt stehen. Warum sich die drei Kerle auf diesen Kuhhandel eingelassen haben, wissen wir nicht. Aber sie haben es schließlich getan! Den Rest kennen Sie ja alle."

„Halt, halt", rief Heide. „Und wo sind die Bücher jetzt?"

„Ach so, die Bücher. Na ja, das ist leider das Bedauerliche an der ganzen Angelegenheit. Der Antiquar schwört Stein und Bein, er habe sie nie bekommen. Nachweisen können wir es ihm nicht. Aber wenn Sie mich fragen, hatte er schon längst einen Käufer und das Geld für diesen wertvollen Schatz, man kann schon mit einem hübschen Sümmchen rechnen, liegt auf irgendeinem Nummernkonto in der Schweiz oder in Luxemburg oder auf den Cayman Islands."

„Aber Sie werden das doch rauskriegen, oder?", fragte Heinz.

„Also, das bezweifle ich", meinte da der Kriminalrat. „In solchen Fällen sind wir schon zu oft gescheitert. Da steht Aussage gegen Aussage und am Ende kann nichts bewiesen werden. Irgendwann tauchen die Bücher in einer Privatsammlung wieder auf. Aber es ist möglich, dass wir dann schon alle tot sind."

Entrüstung und auch ein bisschen Frust machte sich in der Tafelrunde bemerkbar, als der Kriminalrat geendet hatte.

„Liebe Freunde", sagte Frau Zelinski, „wir wollen dankbar sein, dass die Polizei diese ganzen schrecklichen Ereignisse um unsere Kirche aufgeklärt hat, dass Herr Küster auf dem Wege der Besserung ist und dass wir unsere Kirche wieder für uns alleine haben. Ihnen allen möchte ich meinen Dank und meine Anerkennung aussprechen und zu Gott beten, dass uns solche Erfahrungen in Zukunft erspart bleiben."

Alle nickten zustimmend.

Da meldete sich Heide noch einmal zu Wort: „Übrigens, sie sind weg!"

„Wer ist weg?“, fragte die Pfarrerin.

„Die Krähen“, antwortete Heide.

„Das stimmt“, bekräftigte der Hausmeister. „Ich habe sie auch ein paar Tage nicht mehr gesehen.“

„Seit wann sind sie weg?“, wollte Pohl wissen.

„Seit Mittwoch. Ich habe jeden Tag nach ihnen Ausschau gehalten. Seit Mittwoch sind sie weg.“

„Na, so ein Zufall“, bemerkte da Herr Schlenger. „Just am Mittwoch haben wir den Mörder überführt und den Fall Johanniskirche der Staatsanwaltschaft übermittelt. Für uns ist alles abgeschlossen.“

Die Pfarrerin lächelte: „Zufall würde ich das nicht gerade nennen. Aber ich bin sehr dankbar, dass diese schreckliche Geschichte zu Ende ist. Lassen Sie uns Sonntag einen Dankgottesdienst feiern.“

Danksagung

Mein Dank gilt vor allem der Verlegerin des Leinpfad Verlages, Angelika Schulz-Parthu, die mir wertvolle Tipps zur Vervollkommnung des Manuskripts gab. Dank gilt auch meiner Freundin Bille Goetz, die meine Tippfehler ausmerzte. Für die Hinweise zum Zustand einer mumifizierten Leiche danke ich der Archäologin Dr. Marion Witteyer von der Direktion Landesarchäologie Rheinland-Pfalz. Peter Metzdorf, Kriminalhauptkommissar beim Polizeipräsidium Mainz, und Günther Wollscheid vom Zentrum Polizeiliche Prävention, danke ich für wertvolle Hinweise zur Polizeiarbeit.

Die Autorin

Inke Ried-Neumann, geboren 1943 in Rendsburg, studierte zunächst Gestaltungstechnik und Englisch in München und Darmstadt und ging in den Schuldienst; daneben studierte sie Anglistik und Germanistik in Mainz und Darmstadt und schloss mit dem Magister Artium (M.A.) ab. Sie arbeitete als Fachleiterin am Studienseminar Mainz (Lehrerausbildung), als Verwaltungsbeamtin im Ministerium (Kultusmin., Bildungsmin., Wissenschaftsmin.), im Landesprüfungsamt für das Lehramt an Schulen, zuletzt als Leitende Ministerialrätin. Seit 1990 lebt sie in Mainz und hat ihr Herz für die St. Johanniskirche entdeckt.